WOR DIALECT

Whenever I write in Geordie dialect I am unhappily conscious of being unable to reproduce, *in writing*, its most attractive feature – our Geordie lilt.

We can, when occasion demands, speak an English which is wholly acceptable in pronunciation, enunciation, accent, and what-have-you ; but still our phrases will go up and down with a gay abandon that, by comparison, makes Welsh sound monotonous !

To strangers our lilt may be regarded as one of many faults. For me, our dialect has only one fault –

It's divilish aaful stuff t' spell !

But for aall ye's that likes it – heor's a basinful.

Yors,

DORFY

A BASINFUL O' "GEORDIE"

by

DORFY

Harold Hill
Newcastle upon Tyne
1970

Published in 1970 by
Harold Hill & Son Ltd
Newcastle upon Tyne

S.B.N. 900463 11 2

Printed by J. & P. Bealls Ltd., Newcastle upon Tyne

CONTENTS

WY ME?

Aa've read somewheor that thor's a "law of Attraction", an' that yor porsonality, faith, an' ambitions aall myeks a sort of "magnetic field" aroond y' an' attracts the sort of friends, influences an' opportunities that suits the sort o' porson y' are. An' Aa must say that Aa've fund this t' be true.

But thor's times when Aa think me aan Laa of Attraction hez a mischievous kink in it ; cass things happens t' me that nivvor happens t' other folks.

Tyek this mornin', for instance.

Aa tyuk a coat doon t' the cleaners.

Nowt extraordinary in that, y' say – thor's hundreds o' folks tyeks coats t' be cleaned.

But that's just me point !

Aa wuz givin' me nyem an' address. Ivrythink wuz porfeckly normal, when suddenly the wife that wuz attendin' tiv us guv a greet shriek ! An' while Aa stared at 'or in puzzled astonishment thor wuz three greet shrieks ahint us ; an' a canny wife that wuz weshin' the floor neorly cowped 'or bucket ower wi' lowpin' roond, flappin' 'or cloot, an' deein' a kind of waar-dance !

An' the caase of aall this wild excitement wuz – a moose ! A little moose.

Aa watched, amused, while the' fetched brushes an' shovels an' biv a combined operation – me haadin' the door open – the moose wuz drove oot inte the street wheor it scooted stright across the road an' tyuk refuge in the doorway of an electric show-room.

The shriekin' had attracted the attention of passers-by, an' a little knot o' people gathered roond t' luk at the moose huddled in the doorway. Then one humorist opened the door o' the shop, an' in bools the moose.

Fre' wheor w' stud in the Cleaners w' saa the shop lass fling up 'or hands an' dash up some steps t' the raised-up part o' the shop, an' she fetched a fella' watt fetched two other fella's. An' theor stud three men an' a lass, wonderin' hoo t' deal with this dangerous intruder.

B' this time, us in the Cleaners wuz varny bad wi' laffin'.

"Poor little beast – Aa wonder wheor it come friv ?" Aa says.

"It came out of your pocket !" says the wife. "I was just feeling in to see if there was anything in, and I put my hand right on it !"

"Oot o' maa pocket !" Aa gasped.

This put an entirely different complexion on the mittor. Aa cudn't beor the thowt that Aa had betrayed a little helpless creecher that – likely bein' parsued b' wor cat – had tyuk refuge in me pocket. Noo it wud be trapped, an' killed.

Aa marched across t' the 'lectric shop. "Excuse me" Aa says – "but d'ye mind if Aa catch yon moose ?"

"Delighted." says the manager – "He's over there."

For the next five minits Aa craaled aroond the showroom on me hands an' knees, ritchin' oot, missin' 'im an' faallin' on me fyess – t' the huge delight of the crood that had gathered roond the winda' t' watch the pantomime.

At last the moose scuttled intiv a cubby-hole wheor thor wuz stacked a nice selection of wire lampshade frames.

Noo if y' want t' test yor skill an' ingenuity – try catchin' a moose that's lowpin' in an' oot of lampshade frames.

But Aa catched 'im. Aa deposited 'im safely in me glove an' let 'im away on the Sele.

A happy endin' for the moose. But Aa'm still wonderin' wy this had t' happen t' me !

STRANG MEAT

Ivry noo an' then thor's an aaful fuss starts gettin' kicked up aboot violence on the telly.

Pors'nally, Aa've nivvor seen it, 'cass wor telly hez a little knob y' can torn if thor's owt y' dain't want t' luk at. But watt puzzles me is wy folks seems t' think thor's owt new in hevvin' horra' for entertainment. T' heor folks taalk y' wud think it summack new that had just come up in modern times ; when the fact is that the Great British Public aalwiz hez injoyed blud an' thunder, in litritcha' an' drama.

When Aa wuz young, theayters wuz forbidden ; but when Aa got aad enyuff t' please mesel' thor wuz nowt Aa enjoyed bettor than fower-pennorth o' "real life drama."

Aa can remembor one thrill-packed neet when the play had a plot se deep an' dark an' involved Aa cud nivvor figga' oot hoo it aall come aboot. But it wuz a champion play, an' Aa wish Aa cud remembor the title on't.

It wuz aboot a wife that went mad an' dee'd when she got a baby ; an' the norse tried t' seduce the husband ; but 'e wadn't be on ; so for revenge she stole the bairn an' browt 'or up as 'or dowter. An' when the bairn grew up intiv a beautiful young wumman this bad aad faggot did some dorty plottin' so that she met this fella' that wuz really 'or fatha' ; an' the' fell in love an' got spliced – not knaain' the' waar related.

Then this lass got a baby an' went mad, like 'or Ma had dyun.

This baby grew up an' got engaged tiv a handsome young doctor. An' just the neet afore the weddin' this bad wicked norse come an' laffed a wicked laff, an' tell't them watt she had dyun, an' hoo she wud be sure t' gan mad, with this inter-marriage myekkin' it even mair sartin.

It aall soonds aaful complicated. But it had a beautiful endin' ; cass this young lass parsuaded 'or sweetheart t' give 'or some poison – syunner than end-up in a loony-bin. An' in the final scene wheor the lass supped the poison the doctor torned t' the audience an' in broken tones 'e says – "Farewell – but just for a while, Beloved. We shall meet again in the Elysian Fields !" An' though neebody knew wheor the Elysian Fields waz, thor wazn't a dry eye in the place when the cortin' come doon.

One thing Aa'll aalwiz regret is that Aa nivvor got t' see "Sweeney Todd, the Demon Barber". But Aa bet it equalled owt o' yor modern rubbish for grue. It must uv been champion seein' aall the customers gettin' thor throats cut an' gettin' cowped doon inte the cellar an' myed inte pies.

Aa did see that other classic of the Victorian age – "Maria Martin ; or the Murder in the Red Barn".

By! It had ivrythink! Thor wuz gypsies vowin' vengeance on William Corder cass 'e had seduced one o' theor lasses an guv 'or a bairn. Thor wuz a scene wheor the wicked William guv Maria some medsin for the bairn an' it wuz ackshilly poison. An' when Maria reelised the baby wuz deid she swooned reet across the creddle – An' Aa mind thinkin' t' mesel – "well if the poison hadn't finished the bairn off – that wud of !"

Then this bad divil ticed Maria t' the Reed Barn an' shot 'or deid ; an' she fell back in 'ees arms an' says "William ! You have killed me !" An' she had such a sorprised soond in 'or voice, me heart fair bled for 'or. But this callous beast just buried 'or undor the floor.

But Maria's Ma – bein' a gypsy, like – she wuz psychic, an' she seen the morda' in a vision ; so the menfolk went t' the Reed Barn an' dug up the body. An' the play finished triumphantly with William stannin' on the scaffold, an' Maria's ghost alangside – waitin for 'im!

An' by gum the' cud act, in them days. Aa still hev the script of Maria Martin an' in the forst scene wheor William Corder comes in dressed in ridin' britches the stage directions says "He taps his leggings *in a sinister manner*" ! Aa went tiv a Drama Skyul an' got larnt hoo t' act ; but nyen o' me fella' actors ivvor larnt t' tap thor leggins in a sinister manner.

Of course, this kind o' thing wuz melodrama. But so is "Macbeth" – so is "Hamlet".

Wattivvor myeks folks think thor's owt new in morda' ?

A BONNY KICK-UP

The sickenin' thing aboot a hoose is the way it syun gets intiv an aaful kick-up.

Not that wor hoose is ivvor clean an' tidy, mind. But it's me prood boast that aall the muck is fresh muck. The milk-bottle on the mantelpiece, the cla'es hoyed ower the back o' the cooch, an' the dorty cups on the fender is not the syem bottles, cla'es or cups that wuz theor yistida'. Aa dee usually clean-up once a day – unless Aa'm deein' summack mair important.

In fact it wuz a sudden sport o' tidyin'-up that caased this day's confusion.

Aa'm a wife that can nivvor resist a bargain, an' in wor travels lately Aa had bowt remnants o' tweed an' forr an' sateen, an' aall these parcels o' cloot wuz on the winda'-seat in the dinin' room. An' it suddently struck us that if Aa myed this cloot intiv a coat Aa wadn't hev t' keep shiftin it so's folks cud sit. So off Aa starts.

Forst Aa had t' bring me bust doon. Its top half is green fibre. Its vital statistics is 36 – 26 – 38 ; an' friv its hips doon it hez three brass legs that wuz once a cyek stand. Aa caall it "Gloria".

Eftor the measurin' comes the cuttin'-oot. In minutes the entire floor wuz covered wi' clippin's o' forr, tweed, an' linin' an' canvas.

It's astonishin' watt a lot o' things y' need t' myek a coat with. B' the time thor wuz chaalk, scissors, bobbins, tyep-measure, an' the usual spilt box o' pins, an' Aa had set up the ironin'-board an' me sowwin'-machine, thor wazn't a square fut o' space that wazn't cluttered.

It wuz at this point in the proceedin's Aa got sick on't.

Noo as everybody knaas, a change of occupation is as gud as a rest. So Aa decided t' paint a pickshер. So Aa gans an' sets up me easel in the study.

Noo paintin' is another pastime that hez a lot o' clutter connected wiv it. Y' hev yor easel an' cracket, a jam jar full o' brushes, yor pallette, paints, pallette knife, canvas, a big jam jar full o' wattor full o' slips o' glass y' economically scrape yor left-ower paint off onte. Thors torpentine, oil – an' maist important of aall – a bundle of rags. Art is not a tidy occupation. In nee time at aall the study wuz as bad as the dinin'-room.

Elec, meanwhile, had decided that me guinea-pig needed a bigger hutch. So he wuz busy in the kitchen myekkin' a saa-horse t' saa on. So in theor thor wus planks, saadust, tools, an' the dozens o' baccy boxes Elec keeps 'es screws an' nails an' nuts an' bowlts in – that 'e hezn't labelled – so if e' wants a tin tack 'e hez t' open aall these tins.

Me an' him wuz at the height o' wor injoyment when thor wuz a ring at the bell ; an' it wuz a bunch o' "Dorfy" fans come (Aa suspect) t' see if Aa wuz really as bad as Aa seem in me articles.

An' when Aa axed them in – the' cud see Aa waz !

"PASSIN' OOT"

Last week wor Carol guv us an aaful shock b' sayin' cheorfully – "David's going to pass-out on Wednesday".

David is 'or canny husband, so Aa lukked at 'or stornly. "Well of aall the callous little faggots !" Aa says. "Aa've been married t' yor Da for fowerty-odd yeers, an' monny a time Aa've wished 'e wud haadaway an' nivvor come back. But As still wadn't grin aall ower me fyess if Aa knew 'e wuz passin'-oot.

Aa had forgot, of course, that David wuz trainin' t' be a pollis, an' she wuz taalkin' aboot the "Passing-Out Parade." But when she explained, Aa thowt Aa wid gan wiv 'or t' watch. David's Ma wuz gaa'n as weel ; so on the day, w' left Hexham at ight o' clock an' got t' Newcassel' jist in time t' miss wor connection for Darlin'ton.

But waar w' doonhearted ? Not us ! The importance of this suspicious occasion had went t' wor heids, an' wiv a reckless disregard for economy w' decided t' hang the expense an' travel b' Pullman Express ; so w' piled inte the train.

"Eftor aall" Aa remarked as w' settled in wor seats – "if reet fre' Newcassel' t' Darlin'ton w' kin live at the rate o' two-thoosand a yeer – it's wawth the extra half-croon."

So w' supped coffee sarved in bonny cups insteed o' "B.R." boody ; an' w' aall tyuk extra lumps o' sugar t' put in wor handbags cass the' waar lapped in pyeppor that sayed "Specially wrapped for Pullman." This, w' felt, wuz "livin' it up", an' w' wanted t' tyek some proof back t' show the nighbors. W' admired the cortins, tyeble-cloths, an' upholstery. An' when w' saa the little "signal" light that showed when the Toilet wuz occupied w' waar utterly enchanted an' felt wor half-croons had been weel spent.

At last w' got t' Newby Wiske ; an' the place wuz fair wick w' coppers. Thor wuz David, an' the Lord Lieutenant, an' the Commandant, an' various Big-Wigs, an' a hundred or see pollises, aall lukkin' smart an' keen. In fact fre' the way the' went through thor drill y' wud uv thowt the' waar at Buckingham Palace. An' while the' waar bein' inspected the' stud se stright an' still y' got quite a sorprise if the' waar axed summack an' y' saa thor gobs openin' and shuttin', answerin'. Th' cud move !

Then thor wuz a demonstration on self-defence, deein' "bar locks" an' things that wuz maist impressive. An' yit – Aa wondered, y' knaa ! Thor wuz hoo t' deal wiv a punch, a kick, a dagger, a gun – but nowt aboot hoo t' deal wi' the weapons Aa wud use – me teeth an' me knee.

It wuz aall maist stimulatin' an' seein' aall that phisical fitness inspired w' se much that, gaa'n hyem, though wor train fre' Northallerton got inte Newcassel at 3.20, an' wor train fre' Newcassel t' Hexham left at 3.20, w' decided t' see if w' cud streak ower the bridge in less than nee time. W' flashed alang like greased light'nin, an' aall the folks got oot o' wor way sharp, thinkin' eethor thor wuz a fire or w' waar a hoond trail.

W' catched the train b' the skin o' wor teeth ; but David's Ma isn't used t' fleein' like a maniac, an' she lay back in 'or seat, gaspin' for breath.

"Quick, Carol ! Get some smellin' salts or summack" Aa says –

"Yor Mother-in-Laa's passin'-oot !"

BEIN' LOST

Nooadays the expression "Get lost !" is used in the syem way that w' used t' say "Gan t' pot !" or "Gan an' boil yor heid !" But wi' me bein' a wife that's been lost coontless times, it aalwiz soonds extra unpleasant tiv us.

In a way, of course, "lost" is the wrang wawd for watt Aa mean ; cass Aa usually knaa wheor *Aa* am. So when Aa'm lost it's ackshilly the place Aa'm lukkin' for that's lost.

On the other hand, the place Aa'm lukkin' for will be wheor it's aalwiz been. (So y' see hoo involved y' can get when y' try t' be precise in wor English langwidge !) So let's just say that when Aa'm lost Aa knaa wheor Aa am, but Aa dain't knaa hoo t' get t' wheor Aa want t' be.

Aa dee a lot o' taalkin' in strange toons ; an' the secretaries of organisations aall hez one endearin' trait – the' think yo're clairvoyant ! Eethor that or the' think Speakers is like homin'-pigeons the other way on, an' can find thor way t' onny place se lang as it's not thor aan toon.

Sometimes, though, the' dee give a bit information, an' yo're tell't the Women's Institute is just three streets past the Memorial. Which soonds clear enyuff – till' y' get t' the place an' finnd thor's a Boer Waar Memorial, a Greet Waar Memorial, a Wawld Waar Memorial, a memorial monument t' some leadin' citizen, an' a memorial t' commemorate some tragedy – like a fire or some accident that's caased a lot o' deeths. An' aall these memorials 'll be lang distances away friv each other.

Sometimes y' dee get precise directions an' yo're tell't t' torn left as y' come oot o' the Railway Station an' proceed – etcetera, etcetera.

Watt the secretary disn't mention is that thor's three exits oot o' the Station, an' ye'll come oot o' the wrang one. An' b' the time y' finnd oot, yo're that far fre' wheor yo're tryin' t' get te – neebody nivvor hord of it.

It can be particklarly tricky if y' arrive on a black dark neet; an' some o' the replies y' get when y' ax yor way can be varry revealin'. A bit since, in Whickham, Aa axed a wife wheor the parochial chorch haal waz an' she says – "Hinny ! Aa've lived heor sivinty yeers, an' Aa've nivvor hord of a parochial chorch – nor a haall neethor."

But the next enquiry – (a group o' hoosewives) browt instant results. "Oh, y' cannit miss it !" the' says – "It's doon theor – jist past the Bingo !"

Two peculiar things can happen when yo're lost. One is the way ivrybody y' ax is a stranger, like yorsel'. An' the other cud be caalled the phenomenon of "The Deserted Village." Y' get off the bus, an' thor's not a sowl in sight. Y' waalk alang, yor heels clinkin' like coffin nails on the empty pavement, an' aall the doors is shut, an' aall the cortins is draan.

At last in desperation y' knock at a door ; an' eftor a lang wait the flap o' the letter-box 'll be lifted up an' a disembodied voice 'll ax "Whe's theor ?"

"Can you tell me where the Masonic Hall is ?" y' enquire politely.

"No. Aa cannit. W' keep worsel's t' worsel's an' w' nivvor hev nowt t' dee wi' neebody" comes the helpful reply, sometimes addin' for a postscript – "Try hor next door – *She* knaas *ivrybody's* business."

Aye, by gum – it's an aaful feelin' when y' finnd yo're lost.

CHAIRMEN'S BLOOMERS

If thor's a porson Aa admire it's the man or wumman that's brave enyuff t' "chair" a meetin' ; 'cass aall sorts o' things can happen, specially if she's narvous or not used t' the job.

One job o' the Chairman is t' welcome the Speaker an' put them at thor ease. But often the position's revarsed, an' Aa'll finnd the poor Chairman aall of a dither cass the' think Aa'm a "V.I.P." Whethor tho're pleased, or disappointed when the' finnd Aa'm not, Aa dain't knaa. Nor diz it mittor. The important thing is t' myek them comfortable.

A hazard the poor Chairman disn't reckon on is the "dropped brick". Last week, for instance, Aa wuz at a Women's Institute meetin', an' durin' the business thor wuz some discussion aboot (a) Wheor t' hev thor annual dinnor, (b) Wheor t' gan for thor Christmas "treat", an' (c) Whethor thor contribution t' some charity shud be paid oot o' the funds, or whethor the' shud raise the money wiv a jumble sale or summack.

The' cudn't come tiv a decision aboot onny o' these projects ; so at last the Chairman banged 'or gavel on the tyeble. "Well we can't spend any more time over this just now ;" she says – "But there you have three things you can be thinking about while the Speaker is giving her talk !"

The startled audience lukked t' see hoo Aa had tyuk this astonishin'ly tactless remark ; an' it wuz funny t' see the relieved luk on thor fyesses when Aa started t' laff. But afore Aa cud start me taalk Aa had t' comfort the poor Chairman an' convince 'or Aa had enjoyed 'or unintended insult.

Another champion insult Aa got wuz once when Aa had agreed t' fill-in, at varry short notice, at a meetin' wheor the Speaker had tyuk bad an' had t' cancel the engagement. The Chairman waz explainin' wy Aa wuz theor –

"Now I know you'll be disappointed that we haven't a proper Speaker" she says – "But here's Dorfy !"

This shockin' introduction wazn't, of course, watt the wife meant. Aa knew watt she had meant, an' Aa knew the wife wuz in a flap.

Aa hev a varry aakwaard double-barrelled nyem that us nivvor uses – jist the last half ; but sometimes a Chairman likes t' give the whole lot – mevvies 'e thinks it soonds mair impressive. So one neet a Chairman got 'ees sel' aall tangled up wi' me aakwaard nyem an' e' introduced us biv a nyem that soonded like "Mrs. Salmon-Sandwich".

'E reelised 'e had got it wrang, an' 'e apologised, an' – meanin' t' give us a compliment 'e tried t' quote "A rose, by any other name, would smell as sweet."

Unfortchinitly the poor fella wuz se embarrassed at 'ees forst "gaff" 'e got 'ees sel' in a knot wi' the quotation ; an' Aa wuz delighted t' heor that nee mittor watt Aa wuz caalled – Aa wud still smell !

But the nicest insult of aall wuz once when Aa had t' give up bein' secretary of a Club, cass Aa had ower much t' dee ; an' the members decided t' give us a presentation.

The Chairman stud up.

"Now you all know what we are here for". she says – "We are here to *celebrate the departure of our secretary*" !

Aye by gum – it's a tricky job bein' a Chairman. Aa'm glad Aa'm just a wife watt taalks !

RUBBISH

Once upon a time rubbish wuz nee problem. W' had big kitchen fires that wud born heaps o' stuff ; an' tourin' the backlanes thor wuz rag-an'-bone men wi' thor barra's or cuddies an' carts. An' insteed o' hevvin' t' beg the "bin boys" t' tyek yor aad bedstead away as a special favour, y' cud sell yor junk.

As for rags – even a dozen aad stockin's wud get a balloon for the bairns. An' a ganzey or a couple o' semmits wud buy a gowldfish. An' sometimes it wuz the other way on an' y' wud be yebble t' swap yor Westminster Abbey dyun in fretwawk for a griddle or a jam pan.

Them wuz the days !

But noo, we've aall torned posh. The kitchen fire wi' the wide "fire back" y' cud hoy a whole bucket o' coal on – that's gyen forivvor, an' w' hev swanky "cyukkers" that'll born nowt but the dinnor ! An' in some districts the' even hev "smokeless zones" wheor y' cannot born nowt but some special sort o' smokeless fuel that thor isn't onny of !

Even the aad-fashioned wesh-hoose set-pot's disappeared. An' theor wuz a grand big mooth for swallyin' rubbish ! Wiv a couple o' aad Wellin'tons an' a bicycle tyre y' cud get a bleeze that boiled yor weshin' far whiter even than that white that's whiter than white.

But aall these "amenities" is gyen. W' hev wor tiled fire-places, wor spin-driers, an' wor fridges an' cyukkers aall posh –

An' wo're left with rubbish. Undisposable rubbish. As much rubbish as ivvor thor waz – though the type o' the rubbish is different.

In the aad days the rubbish wud be a straa palliass, some aad mangle cogs, a zinc bath wiv a hole in it, or a flock pilla watt had been left oot in the rain an' got sodden.

But doon in wor cellar noo thor's a telly, two electric fires, a gas boiler, an' a boody slop-bucket that wuz once the apple of me eye.

As for wor backyard – ! The shed is crammed with aad carpets, a fireguard, the tea-wagon the bairns smashed wi' ridin' each other on it, a pram chassis, an aad oil heater, an' a aad-fashioned gramophone wiv a horn – nyen of which faals inte the cattygorry of "household refuse".

Thor's an aad Sailors' shanty that gans "What shall we do with a drunken sailor ?"

A modern vorsion wud be –

"Watt can w' dee wi' wor bosted armshair ?
What can w' dee wi' the rusted bordcage ?
What can wi' dee wi' the mowldy doormat ?
Orly in the mornin' ?

Watt can w' dee wi' the sagged spring mattress ?
Watt can wi' dee wi' the broken cla'es-horse ?
Watt can w' dee wi' the aad man's troosers ?
Orly in the mornin' ?

Hoy them at wheivvor thowt up Public Hygiene –
Hoy them at wheivvor banished rag-an'-bone carts –
Hoy them at the fyuls that gives w' clarty dustbins –
Orly in the mornin' ?

GETTIN' STARTED

This week w' started wor spring-cleanin'. An' of course – like ivrythink w' dee – it started wiv a fierce argyment ; cass Elec insisted it waz nee time t' start.

But Aa hevn't knaan Elec for fifty yeers withoot gettin' t' knaa 'im pretty thorally ; an' Aa knaa that, for Elec, the the maist horrible wawd in the English langwidge is the wawd "Now". Except when it consarns eatin' or drinkin', like. Elec's fav'rit wawds is "eftor", "later" an' "some day".

Mind, Aa did agree wiv a lot o' Elec's argiements for later. It's pleasant an' waarmer, later on ; y' can hev doors an' winda's open t' get shot o' the smells o' paint an' polish ; an' mats an' beddin' can get a gud airin' ootside.

But it's cass Aa've listened t' Elec's "later on" that wor upstairs rooms 's had neethor fresh paint nor pyeppor for ten yeers. Besides which, thor's the other side o' the argiement – that seein' w' get se few waarm sunny days it's surely the height o' nonsense t' waste them clartin-on thorra-cleanin' when y' cud be oot enjoyin' the gud weather. Days like watt w' get in February, it's nee loss t' spend them in the hoose. So Aa won the forst roond.

Roond number two waz aboot wheor w' shud start.

"Aa'll start b' paintin' aall the doors reet alang the passage" says Elec.

This wuz cass aall the doors wuz painted last yeer ; an' not ondly wad it be an easy job, but it wud be a champion excuse for 'im t' feel ower tired t' dee owt else.

"W'll start in the kitchen". Aa says formly. "Ye can white-wesh all the cupboards".

"D'ye mean tyek aall that stuff oot !" says Elec.

Aa'll dee that. An' Aa'll put it aall back". Aa says –

"Ye just hev t' fill aall the cracks in the plaster wheor the smoke fre' the chim'la comes through ; an' the holes in the cupboard-bottom wheor the mice comes through ; an' block that ventilator hole wheor the petrol fumes comes through. Then ye can white-wesh the waals, scrub the shelves an' Aa'll wesh aall the smokey-moosey-petrolish dishes an' put ivrythink back, nice an' tidy.

But Elec – seein' 'e wuz in for it onnyway – decided t' dee the whole job 'ees sel'. "Cass if ye are clartin'-on in heor y'll just interfere wi' hoo A'm deein' maa part", 'e says. So Aa agreed t' keep oot of 'ees way – smilin' quietly t' mesel' – cass onny hoosewife knaas a cupboard is rarely as innocent as it luks.

Sittin' typin' in the study Aa cud heor bangs an' clashes an' clatterin's; an' the thump-thump-thump of Elec's feet up an' doon the cellar stairs. "Watt in the wawld is 'e deein' doon the cellar ?" Aa wondered. But Aa had been waarned t' keep oot o' the way, so Aa just got on wi' me aan job.

Three 'oors later Elec shooted of us t' "come an' luk" An' – aih – them cupboards lukked lovely. Spankin' clean an' plenty o' space.

But space is watt Aa'm aalwiz bet for, in them cupboards. So Aa lukked closer.

"Wheor's me mincer ?" Aa says.

"It's doon in the cellar" says Elec. "Y' dain't use that ivry day, so it disn't need t' be upstairs."

Aa thowt that was rich – seein' that half Elec's tools is kept handy, spread undor the byukcase aside 'ees chair in the sittin' room !

"An' wheor's me basins ?" Aa says.

"Well thor's *one* theor, says Elec. Y' cannit possibly be mixin' in two basins byeth at the syem time".

Me jugs, pie-dishes, thormos flasks, half the crockery an' glass – in fact ivrythink Aa didn't use ivry blissid day wuz stowwed doon in the cellar !

Elec wuz se pleased wiv 'ees "space" an' had se obviously forgot that cupboards wuz places t' keep things in, Aa hadn't the heart t' say owt. Aa'll just hev t' sneak aall the stuff back gradually. An' Aa can console mesel' wi' the thowt that well, onnyway – w've getten started.

ADAM AND EVE

The forst man t' be created wuz caalled Adam, an' the forest wumman wuz caalled Eve. An' men likes t' say that wumman came eftor man an' sh's run eftor 'im ivvor since.

But that's not true. The simple fact is that Adam wuz proporly flummaxed when 'e fund 'ees sel' in the Garden of Eden wi' nebody t' wesh the dishes nor nowt. An' 'e wammered-on until one day 'ees Creator tyuk pity on 'im an' myed 'im a wife oot of one of 'ees ribs.

But this bein' the second attempt, like, she wuz a far bettor job than Adam – bonnier lukkin', mair intelligent, an' superior in ivry way.

Noo it wazn't likely that a wife like this wuz gaan t' be contented jist clartin' eftor Adam an' aalwiz gettin' the smaallest shares of iverythink. (Y' knaa watt men is !) So one day when she saa a nice juicy apple on a tree she wanted t' pick it. But Adam says tiv 'or – "Keep yor greedy paas off yon apple. Wor Creator says it hesn't t' be et – it's jist t' luk at."

But Eve thowt 'e wuz maist likely just sayin' that so's 'e cud pinch the apple 'ees sel' some day when she wuz oot for the messages. As weel, a sly aad sorpent encorridged 'or (thinkin' she wud mevvies hoy 'im the gowk). 'E wuz partial t' gowks.

So Eve picked the apple an' guv Adam a bit. But this apple had a queeor effect. An' wheor, before, the' had byeth been innicent an' natural, noo, the suddenly reelised the waar stannin' in thor pelts ! An' when the' saa watt skems the' lukked the' waar that embarrassed the myed thorsels mini-skorts oot o' fig leaves.

Noo when thor Creator come t' see them, 'e knew the' had disobeyed 'im aboot the apple, an' 'e wuz vexed.

Adam, of course, tried t' put aall the blame on Eve, but the Creator said "Yo're byeth tarred wi' the syem brush ! So for yor impittence y' kin byeth hoppit oot o' this garden, an' gan somewheor wheor y'll hev t' wawk for yor livin' ".

An' 'e put a couple of angels with flamin' swords at the gate in case Adam an' Eve ignored the "Nee Trespassers" notice.

An' Aa bet that larnt them a lesson. An' if onny sarpent had tried t' tice them t' pinch onny mair apples – Aa bet them wud uv sayed –

"NOT ON YOR NELLY !"

Adam an' Eve had two sons – Cain and Abel.

Cain wuz a farmer, an' Abel wuz a shepherd, An' onnybody that's wawked on a farm knaas thor's a vast o' difference atween ploughin' an' mowin', an' jist sittin' on a hillside watchin' sheep. So Cain got jealous ; an' one day when 'e met Abel, 'e clobbered 'im one ! An' that wuz the end of Abel.

But thor seems tiv of been gud stuff in Cain for aall 'ees vi'lent temper, cass 'e bred some gud descendants. One o' them caalled "Jubal" wuz the forst musician, an' another, caalled "Tubal Cain", wuz the forst blacksmith.

An' the' war sartintly tyuff, in them days. Adam lived nine-hundred-an'-thorty yeers ; an' wuz ondly bet biv a fella caalled Methuselah, watt lived nine-hundred-an'-sixty-nine yeers – reet till the Flood ! An' 'e wud mevvies uv lived even langer if 'e hadn't got 'ees feet wet.

Aa can jist imagine, if them cud see the way us is the day, the' wud say "Lukka' them lot ! Pensioned off at sixty-five ! Hardlies oot o' thor nappies !"

HALF TALENTS

Aa can nivvor decide whethor Aa'm lucky, or unlucky, tiv uv been born wiv a lot o' "half-talents". Thor's aall sorts o' things Aa can dee ; but nowt Aa can dee weel enyuff t' really shine at. Aa write, draa, paint, sing, an' play. But nyen o' these things Aa dee is dyun gud enyuff t' please onnybody but mesel'.

On the other hand it diz mean that if me skills is spread ower a variety of talents, it gives us plenty of interest, an' Aa'm nivvor bored, an' Aa dain't get "one-track-minded".

Another gud thing aboot maa brand o' talents is that Aa can dee them aall sittin' in comfort in front o' the fire. Aa did used t' hev t' sit at the pianna t' play. But noo Aa've got a little harp, an' a canny little electric organ that can stand on a coffee tyeble. Aa'm particklarly fond o' me organ, cass Aa like a gud roozin accompaniment when Aa'm singin'. It means Aa can give me voice full vent an' it disn't mittor if Aa'm singin' the reet notes or not !

The ondly snag aboot me organ is that wor dog howls with terror when Aa play it ' an' yistida' 'e wuz sick ower the mat plumb in the middle of "Bless This House !"

Not cass Aa'm such a bad player, mind. It's cass onny wind instrument myeks 'im shiver. Even squeezin' a scent-spray sets 'im aall tremblin' ; an' when Aa play the vacuum-cleaner 'e rowlls on 'ees back an' froths at the mooth. An' if Aa hoy 'im oot while Aa'm busy 'e still knaas watt's gaa'n on, an' 'e wails like a siren ; an' the nighbors aall thinks 'e's a sign of a deeth !

Paintin' is another thing Aa can dee cumftibly.

Proper artists need a studio an' a North light ; or else the' sit ootside on thor crackets an' get pestered wi' fyuls breathin' doon thor necks an' axin' them if tho're paintin' ! But maa method is far bettor.

Aa dee a rough pencil sketch – usually while Aa'm sittin' in the car – an' then Aa myek a few notes of watt the colours is. Then, later, when Aa'm in a paintin' mood Aa set me easel up in front o' the fire – an' Aa paint.

Mind it can be a bit aakwaard sometimes. Yistida' Aa wuz paintin' St. Mary's Loch friv a sketch, an' on one patch of grass Aa had scribbled that the colour wuz "a sort of khaki-purple with a blue-grey-green cast". B' the time Aa had combined ivry possible colour tryin' t' get this, me pallette wuz mair clart than Art !

Still – thor's a provorb that says "To travel hopefully is better than to arrive", an' that's hoo Aa feel aboot me half-talents. Thor's nee challenge aboot deein' summack y' knaa y' can dee. But when yo're clartin-on, it's aalwiz possible that some day y' might dee sumthink bettor than y've ever dyun it afore.

TYEKKIN' NOTICE

One o' the peculiar traits aboot men is the way the'll see things – or not see them – jist as the mood tyeks them.

This mornin' for instance Aa woke up wiv a bad caad, so Aa horried up an' did the chores so's Aa wid hev time for a gud lang rest afore Aa went oot at neet.

Y' wid think even t' the blinndest husband, a clammy white fyess, wattery eyes, a runny nose an' a croaky voice wud sort of convey that somethink wuz wrang. An' sartintly Elec noticed a difference – but seemin'ly not enyuff t' orn onny sympathy. 'E guv us a grim luk.

"An' watt's the mittor wi' ye this mornin' ?" 'e says, in sitch an aggressive tone Aa thowt mevvies Aa had dropped summack on the stairs an' 'e had tripped on it.

"Watt d'ye mean ?" Aa says.

"Well – nee baalin' an' singin' an' wakenin' us up at six o'clock ! Nee clashin' buckets an' dustbin lids an' wakenin' aall the nighbors at quaarter-past. Nee slammin' doors, gushin' taps, gorglin' cistorns, chimneys gettin' set afire an' paraffin roarin' up the chimbley at ha'f-past. Are ye bad or summack ?"

As a mittor of fact, Aa *am* ill", Aa says. But it tyeks mair than an annooncement like that t' penetrate Elec's skull. "Rigor mortis" hesn't set in yit, so 'e didn't really believe us. But then a thowt strikes 'im –

"Get yorsel' doon t' the doctor's" 'e says – "Aa *pay* plenty !" An' heor 'e did luk a bit interested. Not in me illness, but jist hopin' Aa wud get a bottle oot o' the National Health. One of Elec's constant grumbles is that 'e pays for aall them stamps an' w' nivvor need a doctor.

The distance fre' wor hoose t' the doctor's is a mile-an-a-half. An' if yo're weel enyuff t' waalk that distance there an' back Aa reckon y' dain't need a doctor. So Aa just give Elec a dorty luk an' get the asprins oot o' the medsin cupboard.

But Elec's been readin' the pyeppors ! 'E ritches oot for the packet. "These is drugs !" 'e says dramatickly – "Y' dain't want t' start that habit !"

Aa point oot that seein' it's two yeers since Aa last swallied an' aspirin' it cud hardlies be caalled a habit.

"Aah ! But that's the whole point", says Elec. "Nee-body *intends* bein' a drug addict. The' jist start, an' then it gets a-hadden on them. Y' far bettor not start. Y' dain't need nowt", 'e says – "It's not as if y' waar really bad".

While 'e wuz argyin' about aspirins Aa rummaged in me handbag for me tin o' throat lozenges an' popped one into me mooth.

"Watt's that ?" says Elec. "It's a chlorodyne lozenge" Aa say. "Mair drugs !" 'e gasps, an' Aa explain "Well Aa've got a sair throat, an' Aa'm speakin' at Alnwick the neet".

This statement produces a remarkable change of front. Wheor, before, Elec insisted Aa wazn't bad enyuff t' need an asprin, noo, seemin'ly, Aa'm at deeth's door. "Ye cannot possibly gan t' Alnwick !" 'e shoots.

"Aa'll hev te", Aa say. "Aa cannot back oot at the last minute. This engagement wuz arranged a yeer since".

"But y've got a tempritcha Yor eyes is watterin'. Yor voice soonds as if yor throat's reed raa !" 'e says. An' Aa'm prop'ly puzzled –

Cass Aa'm positive me tempritcha's nee higher than it waz when Aa wuz cleanin'-up. Nor is me voice onny croakier than it waz when Aa shooted upstairs that' 'ees brikfast wuz cyukked.

Queeor – isn't it– the way men can notice, or not, accordin' t' if it suits them.

WOR LANGWIDGE

Watt wi' the Scotchies aall clamourin' t' be Scotch, an' the Irish agitatin' t' be Irish, an' the Welshies yaapin'-on aboot thor national langwidge, Aa think it's high time us Geordies put wor fut doon wiv a form hand an' insisted on bein' reconised as "Geordies", an' wor kind o' taalk bein' acknowledged as propor taalk – the superior kind o' taalk y' cud expect friv a superior race !

Watt's browt this t' me mind is this daft business o' them Welshies wantin' thor road-licence discs printed in Welsh. An' heor's us canny Geordies pays the syem money as them – but diz us argie aboot watt langwidge it's printed in? No! Yet think hoo much mair interestin' them discses wud be if the' waar like this –

> "This licence can be guv up onny time it's still corrent, t' the Cooncil watt's nyem's on page fower o' the

Registration Byuk ; an' ye kin get yor money back for each full month watt y've paid for but hevn't used, providin' y' hand the licence in afore the end of the month afore the month yo're not gaa'n t' use the car for ; or – if ye send it b' post, y' hev t' post it afore midneet on the day afore the end o' the month afore the month yo're not gaan t'need it for."

An' wy stick at licence discs ? Wy not wor aan langwidge for public notices ? W' cud hev "He Netties" an' "She Netties" an' if that confused the Londoners – that thinks "Netty" is a gair'ls nyem – it wud pay them back for the coontless times Aa've dashed doon watt Aa thowt wuz a "Tube" entrance, an' fund mesel' in the "Gents !"

Insteed o' "Stick No Bills" w' cud hev "Clag Nee Pyeppor" an' insteed o' that polite little notice in the parks aboot keepin' yor dog on a lead ye cud hev a cort but efficient command "Keep a-hadden yor dog".

Cass eftor aall – keepin' yor dog on a lead is nee restriction – unless yo're on the other end o' the lead !

Them pedestrian traffic lights that says "Cross Now" cud jist hev a brief "Howay !" an' insteed o' them appealin' notices "Keep Britain Tidy" thor wud be the form command "Divvent Hoy Yor Muck Heor !"

The shops, as weel, wud use propor langwidge. The bakers wud sell stotty-cyeks, Sudden Deeth, an' Penny Bosters. The fruiters wud sell snadgers an' scallions an' peaswabs ; an' in the drapers w' cud ax for sharts an' linin's an' semmits ; an' ganzeys an' twilted twilts. An' ivry hatter wawth the nyem wud sell duts.

Think hoo much mair interestin' menus an' tarrifs wud be if w' waar offered cups o' scad, shives o' chuck, gob-height samwiches, or ducks-wi-veils-on.

Aa've often thowt that raither sickly appeal t' motorists t' drive carefully cass "We Love Our Children" wud be twice as effective it it sayed w' loved wor bairns. Cass somehoo, the wawd "child" means a young human bein' – but a "bairn" is one of a fambly. A bairn wud be missed. A bairn, belangs. A bairn is a heartache an' a delight, an' the maist precious thing in the wawld.

On the other hand, us Geordies is such distinct porsonalities, w' dain't need t' fash-on aboot bein' reconised as Geordies.

Nee mittor wheor w' might live – onnywheor in the wawld, a Geordie is still a Geordie. Us disn't need nee special tartans, nor emblems, nor nowt. Cass us is special folks – an' a gud **pro**duct needs nee advortisin'.

HALLIDA BROSHERS

As syun as February comes w' hev t' suffer a spate o' broshers an' advortisin' stuff aboot hallida's. An' watt can be the porpose o' these things at this time o' the yeer is mair than Aa can see. Unless it's t' rub it in hoo caad an' misrible it is, an' myek w' feel desprit for blue skies an' sunshine.

Mind, thor's this advantage in myekkin' up yor mind in February wheor y' want t' gan in July – it diz give y' time t' save up. But if yo're in watt's caaled the "lower income" group – like me – it's not a gud idea ; cass with this sort of income the ondly way y' can save is b' months an' months of deein' withoot.

Not deein' withoot necessities, mind – Aa dain't think onnybody's that daft – but deein' withoot the little bits o' cheer-ups that w' can afford oot o' the bit margin that's left ower when w've paid wor way. An' if y've had t' be se stornly economical y' dorsn't even treat yorsel' tiv a bunch o' floowers or a quaarter o' lickrish aallsorts, y' wonder if a fortneet's injoyment is gaa'n t' be wawth aall these months o' bein' "penny minded".

A peculiar side-effect of the savin'-up period is that y' seem t' see mair tantalisin' bargains then than at onny other time. Aa've been tell't that the thing t' dee when yo're tempted is t' ax yorsel' "Can Aa dee withoot it ?" an' if the answer's "Yes" y' dain't buy it.

But if w' ondly bowt watt w' cudn't possibly dee withoot, w' wud hardlies need onny money at aall ! The "basics" is just a chair, a tyeble, a bed, a shelter, some cla'es, a bit grub, a bar o' soap, an' some sort o' fuel. So the question isn't really sensible.

Aa think a bettor way wud be t' keep a strict accoont of ivrythink y' dee withoot, durin' yor savin' spell. Then when y' gan for yor hallida', keep an accoont of watt y've *really* enjoyed. An' then y' can compare them an' wigh-up whethor it wuz wawth it.

Sometimes, of course, these broshers hez the exact opposite effect fre' watt's intended.

If for instance it's aall aboot waater-ski-in, or lyin' in the scorchin' sun dressed in a bra' an' a "G"-string or suppin expensive wine while yo're gettin' deefened wi' pop music, or sicked wi' body-wagglin' contortions – then Aa dain't want that kind of hallida' – So that's se much Aa've saved !

An' on the strength o' the hundred or se quid that hallida' wud uv cost us, Aa can buy daffodils for ivry room, torn me nose up at clarty lickrish-aallsorts an' treat mesel' tiv a half-pund o' chocklit ginger. Then Aa can buy an armful o' glossy magazines an' hev a happy eftornyun of relaxation an' luxury, myed even mair enjoyable b' the vortuous feelin' y' get when y've saved a hundred pund.

That y' hadn't the hundred pund, onnyway, myeks nee difference, an' disn't stop y' fre 'spendin' thorty bob *as if* y' had.

In fact, thinkin' aboot it (it's queeor hoo writin' aboot a thing sorts oot yor mind) Aa think the best thing t' dee wi' these broshers is t' read the lot an' select the maist expensive ones y' dain't want. Then with an easy conscience y' can treat yorsel' t' aall sorts of excitin' treats that costs just a fraction of watt y' hevn't got onnyway ; so that, insteed o' hevvin' months o' bein' "penny-minded," y' can hev a hallida' fre' savin' up.

SPOOKS AND THINGS

Aa've been readin' a byuk aboot spooks an' poltergeists an' se on ; an' this author hez a theory that aall these queeor manifestations is browt aboot b' folks hevvin' mair than thor propor ration of electricity in thor bodies ; an' this sorplus energy eethor builds up intiv a ghost, or else intiv a poltergeist that hoys things aroond. An' the reason wy a poltergeist is aalwiz mischievous an' nasty is cass w' usually generate this extra electricity when wo're in a violent temper. Ghosts, seemin'ly, is usually harmless, an' them jist appears cass the' hev t' dee summack wi' thorsel's, poor things.

It's an interestin' theory. Sartinly thor's things happens that cannot be explained – Aa've had a few queeor experiences mesel', an' Aa'm not psychic – But t' me it seems an aaful waste of electricity if yor sorplus energy can finnd nowt bettor t' dee than be a nuisance t' folks.

In fact it's a worryin' thowt if, like me, yo're apt t' froth at the mooth wi' temper if, say, somebody stands in the cat's saacer an' leaves the mess for me t' cleor up.

It's not the job o' wipin' up that maddens us, y' knaa. It's the impittence o' leavin' it for *me.* Aa reckon a thing like this shud generate enyuff electricity t' put half the Power Stations oot of business !

Except for wantin' t' throttle wheivvor did it, Aa wish neebody onny harm. But if this byuk is reet Aa'll uv set loose a whole host o' poltergeists that'll be hoyin' folks's ornaments aroond, knockin' pickshers doon off thor waalls, an' frightenin' folks oot o' thor wits.

Not ondly that. Aa begrudge me sorplus energy gettin' wasted on sitch daft carry-ons. If this energy wants t' shift things roond, thor's plenty heor it cud shift.

Off wor cooch, for instance, it cud shift a dozen or se byuks, a hairbrush, a tin o' biscuits, a dorty blouse, an' a pair o' tights. Off a chair in the kitchen thor's a pile o' cla'es waitin' t' be ironed. An' on me bed thor's mair byuks, a writin' pad, a tin o' taffy, a file of correspondence, an' me wig that's theor t' remind us t' put it in corlers.

Then it cud start on me desk !

Or tyek ghosts. If, as some folks says, the' can come glidin' through stone waalls – theor's a feat that must tyek a bonny lot of electricity oot o' thor electric charge. An' it wud be mair sense if the' jist come through the door in the ord'nary way an' saved thor sorplus enorgy for summack useful, sitch as dustin' the pianna, or myekkin' a cup o' tea. An' mair cumftible an' aall. Aa knaa if Aa wuz a ghost Aa wud syunner even wesh a few dishes than scrush mesel' through a wall.

In fact, t' me, this electricity theory is varry upsettin'. In wor hoose w' hev a pre-payment meter that tyeks bobs. An' as syun as Aa've finished this Aa'll hev t' wesh me fyess an' put me stockin's on jist so's Aa can gan doon t' the Bank for a quids-worth o' bobs.

The infuriatin' thing is Aa hev a bag o' bobs somewheor in the hoose – but Aa cannot remembor wheor Aa've put them. So heor y' hev a situation wheor Aa'm sizzlin' with exasperation an' generatin' electricity like mad. An' while some Dorfy-projected poltergeist is mevvies hoyin' somebody's things aroond – Aa'll hev t' trudge a mile into toon, or else sit in the dark, cass w'll hev nee electricity.

PHOTOGRAPHY

Last week Aa wuz howkin' through some aad photos an' it struck us hoo much photography's changed – byeth amateur an' professional – durin' me lifetime.

Watt surprises us is hoo folks managed t' luk like watt the' really lukked like, in the days when aall professional photographs wuz "time" exposures, an' the' waar arranged an' posed with some suitable fornitcha' – sitch as a tyeble wiv a Bible on it.

When Aa get me photo tyuk Aa aalwiz luk as grim as Deeth ; Aa'm that self-conscious. But these folks cud stand, or sit, weorin' unfamiliar cla'es – cass the' didn't weor thor "best" cla'es varry often – an' except for a slight stiffness in thor appearance, the' still lukked like human bein's.

When Aa wuz a bairn me Da wuz an enthusiastic amateur photographer ; an' on the rare occasions when w' got a new frock 'e wud fetch oot 'ees "half-plate" camera an' prepare t' tyek wor photos.

Forst of aall the backgroond "scene" wud be hung up in the backyard. An' varry impressive it waz, wi' marble pillars an' a arch wheor w' had t' stand. It wuz important t' stand weel in the centre o' this arch so's not t' include the wesh-hoose on wor reet, an' the netty on wor left – which might o' lukked a bit queeor – stickin' oot aside marble pillars !

Then me Da wud arrange 'ees camera on a tripod. The camera itsel' wuz a sort o' mahogany box wiv a bellows at the back an' a little roond lid at the front, an' w' had t' stare fixedly at this lid-thing, waitin' for the dramatic moment when me Da wud whisk it off an' start coontin' the "time". An' it wuz mair than wor life wuz wawth t' se much as bat an eyelid, for feor w' wasted the plate.

Nee wonder Aa hev a "complex" aboot bein' photographed. It wuz a solemn an' terrifyin' ordeal. An' when y' consider that a man's pay in them days wuz ightpence an 'oor, it wuz obvious that a photographic "plate" wuz an expensive luxury oot o' the week's wages.

Me Da must uv been a clivvor amateur, cass Aa can remember w' once had wor photos on wor hankies. Not clagged on – the' waar ackshilly on the fabric, which must uv been prepared in some sort o' solution.

Aa still hev a photo of me an' me sister an' me Da standin' singin' at the organ – which wuz wor prize bit fornitcha, cass it had stops, knee-swells, an' a double keyboard (two manuel). Me Da is playin', an' *he* tyuk this photo of 'ees sel' b' some ingenious "flash" arrangement myed oot o' coffee tins. The flash seemin'ly tyuk us by sorprise an' Aa'm stannin' wi' me mooth wide open an' me eyes tight shut !

B' this time Aa had me aan camera – a quaarter-plate". An' se little wuz knaan aboot photography in them days, a man – a stranger – axed for a luk at me camera – an' tyuk the back off t' see hoo it wawked !

Thor wuz bonny garm when Aa got hyem wi' me wasted plate. But seein' Aa wuz ondly ten, an' had a natchrilly obligin' nature – *and* cudn't knaa the fyul wuz gaa'n t' dee this – Aa still think Aa didn't desarve the tellin'-off Aa got.

For me, the best photo period wuz in the twenties when me bairns wuz small, an' wiv a cheap box camera an' a roll o' film y' cud tyek champion snaps, an' develop them wiv a reed lantern an' a pie-dish full o' developer. (Y' tyuk a-hadden the ends an' swished it through the developer – like playin' diabolo). Wiv a printin' frame, an' dayleet printin'-oot pyeppor y' cud dee sepia-coloured prints that in maa opinion had mair "atmosphere" than t'days sharp black an' white.

But time marches on. An' nooadays photography is just click, an' tyek it t' the chemists. Nee fun at all !

MAN ABOOT THE HOOSE

For the past few weeks wor Elec's been "on the sick". Which wadn't be se bad if 'e wuz sick enyuff t' stop in bed, oot o' the road. But though 'e's genuinely not fit for wawk, 'e's not laid-up, neethor. Which means 'e's clockin' roond aall day an' jist aboot drivin' us bats.

If 'e wud jist clock in 'ees chair, even, it wud be aalreet. But though 'e's not interested enyuff in owt t' start some hobby or pastime of 'ees aan, 'e's bored stiff, an' occupies 'ees sel' b' follarin' me aroond an' watchin' watt Aa'm deein'. An', of course – tellin' us exackly hoo Aa *shud* dee it.

Nor is this the warst. Aall 'ees life Elec's had a maist infuriatin' habit o' tellin' us watt t' dee *while Aa'm busy deein' it* !

'E'll see us hoistin' the bucket up t' put some coal on the fire an' 'e'll say "The fire 'll gan oot if y' dain't put some coal on". Or 'e'll see us feedin' me goldfish an' 'e'll say "Mind dain't forget t' feed the fish".

The reason for this of course is that it's *seein me dee the thing* that reminds 'im it wants deein'. So 'e'll tell us t' shut a door *while* Aa'm shuttin' it, or t' open a winda' while Aa'm openin' it.

Then thor's meals. It stands t' reason that when Elec is deein' nowt, an' 'e's off-colour, 'e hesn't much appetite. But – se far – Aa'm porfectly fit, an' *Aa* cud injoy me fud – if Aa wuz let.

But can onnybody enjoy a meal sittin' opposite a fella that torns ivrythink ower as if 'e suspected it had bugs on the other side ?

'E'll tyek a porfeckly ord'nary bit o' meat on 'ees fork, luk aall roond it, sniff at it, corl 'ees nose up an' say – "Watt's this ?"

An' if Aa say sarcastickly it's a bit o' maggotty rabbit skin watt Aa fund in the backlane 'ell' hev the impittence t' say aa've put 'im off 'ees dinnor !

As weel, Elec hez an incurable habit that myeks us want t' scream.

The ondly way Aa can accoont for it is that some time in 'ees far distant past 'e must uv been guv a spyun that's been used, an' felt claggy – A mistyek that cud easy happen when aall the bairns wuz smaall an' Aa wuz aalwiz deein' at least three things at once.

Onnyway, watt 'e diz is this – An' it happens *every* meal-time, mind –

'E picks up 'ees spyun – wipes the inside corve wiv 'ees thumb – an' wipes the ootside doon 'ees pants !

The forst time Aa saa 'im dee this Aa wiz astonished – cass it wud hev t' be a rare hacky spyun t' be hackier than 'ees pants.

But eftor yeers o' this spyun-wipin' ceremony Aa'm in a state of near-hysteria. An' some day Aa'll eethor borst inte peals o' maniacal lafter, or else Aa'll teem silver-polish reet doon 'ees pants so's 'ees wipin' 'll sarve some useful porpose.

One thing is sartin' – if Elec is on the sick much langer thor'll be two invalids in the hoose – an' one o' them 'll be a mental case.

MUSIC HATH CHARMS

Thor's a provorb that says "Music hath charms to sooth the savage breast".

Aa used t' think it sayed "soothe the savage *beast*" an' it aalwiz vexed us that wor dog seemin'ly hadn't hord the provorb, an' 'e parsisted inte gaa'n inte convulsions whenivvor Aa sung tiv 'im, or played me little portable organ.

But thor's one kind o' music 'e diz enjoy – an' that's a musical box ; an' him an' me agrees wiv each other aboot this, cass Aa think musical boxes myeks the sweetest pleasantest kind o' music thor is. Aa hev five – so Aa shud knaa !

The forst one Aa ivvor bowt wuz when Aa wuz hard-up, an' didn't particklarly want the thing.

Aa wuz in a shop in Grindelwald an' Aa picked up a bonny wudden fruit bowl that wuz beautifully carved – jist t' admire the carvin'. An' when it immeejitly started t' play "The Blue Danube" Aa got sitch a shock Aa dropped the thing ! An' the fella' ahint the coonter guv us sitch a dorty luk Aa felt that for the honour of British Tourists everywheor Aa shud buy the thing. An' though it meant that for the rest of me fortneet Aa had t' dee withoot them luscious Swiss cream-cyeks an' eat thor beastly black breid, Aa wuz comforted b' the thowt that Aa had dyun the honourable thing, an' Aa hadn't let me country doon.

W' waar campin' – me an' me dowter Pat – at the fut of Mount Eiger ; an' w' slept huddled tegithor in a little bivouac tent. Thor wazn't really room for a fruit bowl. An' ivry time one o' w' torned ower w' wud cowp the blowed thing an' it wud play the Blue Danube till w' cud fumble roond an' finnd a level spot for its feet.

Next, at hyem, Aa lost me heart tiv a little Christmas tree that went roond an' roond an' played "Silent Night".

This tree developed a maist lovable habit. When me dear little grandchildren wuz gathered roond, wi' thor chins on the tyeble, watchin' the bonny little tree sorclin' roond wiv its bonny glass baalls an' things – suddently – bang in the middle of Peaceful Night it wud gan "G-r-r-r-r-" an' lowp reet across the tyeble an' frighten the bairns oot o' thor wits !

Elec sayed it wuz a ratchet watt slipped, an' 'e wanted t' mend it. But the bairns *liked* gettin' frights. An' the' wud stand listenin' t' Peaceful Night wiv a lovely tickly feelin' in thor kites, waitin' for the tree t' jump at them.

Next Aa bowt a dainty little clock that had a ballet dancer in a little niche above the fyess. An' when the pointers got t' wheorivvor y' had set the alarm for, the dancer wud dance, an' the clock wud play – Guess watt ? – the Blue Danube ! But in a different key.

The next Christmas Aa fell for a little snaa-covered chorch wiv a bell in the steeple, an' stained glass windas, an' a light inside. An' it played Peaceful Night twice as fast as me little tree.

Well wi' two Peaceful Neets an' two Blue Danubes Aa thowt Aa wud like a bit change. So the next Christmas Aa bowt a Santa Claas that went roond an' roond an' played "Rose Marie" – a particklarly fine Rose Marie, cass at the end of ivry line it played an extra "tiddly-pom, tiddly-pom."

Noo, me cup of happiness is full t' the brim.

Some folks likes Symphony consarts. Some likes "Pop" music. But me – Aa wind aall me things up tegithor an' set them aall gannin' at once wi' thor different speeds, different keys, different tunes, an' the little tree's gorgly growl.

This – in maa opinion – is *real* music.

THE STORY OF NOAH

Well watt with Eve pinchin' apples, an' Cain morderin' Abel, an' aall the folks gettin' ower big for thor byuts an' tyekkin' nee notice watt the' waar tell't, the Lord got sick on't an' wished 'e had nivvor created them. An' 'e got that fed-up 'e decided t' droon the lot, except for a chep caalled Noah that wuz a fairly steady kind o' fella an' seemed t' be bringing 'ees fambly up fairly decent.

So the Lord tell't Noah aall aboot the Flood 'e wuz gaa'n t' send an' 'e says – "Y' bettor knock yorsel' up a boat o' some kind – a canny sized un that'll tyek ye an' yor fambly, an' onny bords an' beasts y' think is wawth presorvin'. An' if y' knaa onnybody that can be trusted t' behave thorsel's, them can gan wi' ye".

Well Noah sets t' wawk – an' mind – 'e had a tyuff job on cass Aa waand thor wud hev t' be seprit quaarters for the bords an' beasts an' that – Aa mean – 'e wadn't want rhinocerouses rampagin' roond in the middle of 'ees dinnor, nor rats scuttlin' aboot 'ees bed. So it wuz a rare queeor-lukkin' vessel 'e built ; an' aall the nighbors come and laffed at it.

Noah waarned them watt wuz gaa'n t' happen, but the' didn't believe 'im. An' it wuz as gud as a picksher-show for them when Noah an' 'ees wife, an' Shem, Ham, an' Japheth an' thor wives aall toddled inte the ark, follard b' two each o' ivry kind o' bord, beast, an' reptile. W' hev "Nature Resorves" in these days, Aa knaa – but this un wuz kind o' cramped ! An' o' course, when the pigs went in, thor wud be the usual witty remarks fre' the crood – sitch as the one aboot hoo y' cud judge a man's character b' the comp'ny 'e kept !

Hooivvor, the' aall got scrushed in somehoo, an' then the Lord fastened the door. An' then –
Doon come the rain !

The Bible says nowt aboot it, but livin' cooped up in that Ark, with aall them creechers inside, an' aall that wattor ootside – it must uv been morda' ! An' the' had a hundred an' fifty days on't, mind – think o' that next time y' grumble aboot a wet summer !

Nor waz it ower then. The Ark come t' rest on a moontin' top ; but thor wuz nee point in them rushin' oot jist t' gan swimmin' ; nor even later on, when ivrythink wuz still thick o' clarts. Noah sent a raven oot, for a try-oot, like, but it jist flew back an' forrard an' nivvor lit. Then 'e sent a dove oot, an' the dove come back. But the next time, the dove come back wiv a bit greenery in its beak, so Noah knew things wuz dryin'-up a bit. An' the thord time, the dove stopped ootside. An' that's hoo w' got the proverb "Thord time lucky !"

Syun the whole place wuz dry enyuff for them aall t' come oot, an' the Lord tell't them t' gan forth an' multiply – which Aa've allwiz thowt wuz a maist unnecessary instruction, cass the' had been sivin' months in the Ark, an' it wud be a wonder t' me if the' hadn't dyun a canny bit o' multiplyin' b' then, allriddy !

Noah lived for nine-hundred-an'- fifty- yeers ; but he wuz the last human bein' t' live that lang. Eftor that, the normal life-span wuz jist atween three an' five hundred yeers – bits o' bairns, y' might say ! But nee doot the Lord thowt that was plenty time for them t' dee mischief in. An' when Aa see the misery us humans can caase, in a life-span jist a clarty ighty yeers or se – Aa hev nee doot 'e wuz reet !

SHOPPIN'

Last week Aa did a bit shoppin' an' Aa cudn't help thinkin' watt a dreory job it waz compared wi' the aad days when shops wuz individuals wiv a bit porsonality.

Nooadays the ondly difference atween one Supermarket an' another is that the' seem t' tyek torns wi' thor "Special Offers" an' gimmicky gifts. An' y' can choose atween a plastic daffodil or a free spyun. An' yor Instant Coffee "ticer" 'll be a cruise y' can win if y' can dee the puzzle that's on the back o' the label y've jist hoyed in the fire !

Sometimes w'll be tempted b' "reductions" – which usually means y' get yor tea tuppence cheaper an' pay thrippence mair for yor sugar.

Y' can, o' course, dodge this b' gaa'n inte several different supermarkets an' buyin' the "bargain buy" fre' each. But b' the time y've trailed roond yor propor trail up an' doon, an' stud in a queue at the payin'-in coonter, y've had enyuff.

Shoppin' wasn't aalwiz like this. In the days when shoppin' wuz caalled "gaa'n the messages" an' shops wuz neethor supermarkets nor stores thor wud be a bit interest in buyin' watt y' wanted. Y'knew which shop wud gi' y' a nip o' cheese t' tyest afore y' bowt it, or wheor t' get the streakiest bacon ; at the butcher's y' had a choice atween one that guv y' a lump o' suet in wi' yor brisket, or one that guv y' a free pluck o' lights for yor cat. An' y' chose accordin' t' which wuz hungriest – yor bairns or yor cat.

Thor wuz free gifts an' free samples in them days, an' aall, but y' didn't feel y' waar bein' brain-weshed or bulldozed inte buyin' the thing. Often y' knew nowt aboot it till y' went intiv a shop for a gas-mantle, say, an' got a packet o' dessicated soup as weel ! An' often a packet o' bullets wud be tucked in amang yor week-end grosseries.

It seems queeor that in the days when folks byekked thor aan breid thor wuz scores o' little hoose-winda' shops that sell't hyem-byekked breid. An' watt a choice thor waz ! Crusty loaves, cottage loaves, fadges, stotty-cyek ; an' thor wuz hyem-byekked cyeks like "Sudden Deeth", Hap'ny Bosters, Snaaballs, an' gingerbreid horses. It fair myeks yor mooth wattor t' think of them !

Best of aall, in them days, ivry shop had its smell, accordin' t' watt it sell't maist of – specially the grosser shops. One wud smell o' coffee, another o' cheese. The little "Handy" shops wud smell o' firelighters, or paraffin. Not like nooadays when aall y' can smell is that sickly scenty stuff the' spray aroond.

Of course nooadays thor's mair rules an' regulations aboot hygiene, an' wights an' measures, an' sitch. But Aa doot if them myeks up for the utter dreoriness o' shops that's aall exackly alike, sellin' stuff that's aall exackly the syem.

ELEC THE NORSE

Aall me life Aa've been subject t' the sort o' bad attacks that comes on aboot twice a yeer an' last a few 'oors, an' then Aa'm champion agyen for another six months.

Thor's two gud reasons wy Aa've nivvor bothered wiv a doctor for this. For one thing, when y've aalwiz got bettor, y' knaa it'll be ower in a few 'oors. An' another thing is that since it's impossible t' luk elegant rowllin' on the bathroom floor w' yor kite in knots. Aa dain't want t' be seen – not biv a doctor nor neebody. Even Elec is waarned t' keep away till Aa'm bettor.

But last week Elec wuz oot when Aa started off, so Aa didn't lock the bathroom door ; an' when 'e come back 'e waalked reet in, lukkin' for us, an' fund us spread oot on the floor like an exhausted starfish. So 'e did – watt se monny weel-meanin' fyuls diz when yo're lyin' in a half faint – 'E yanked us upreet an' finished the job !

When Aa swum back t' consciousness Aa wuz lyin' in bed w' whisky dribblin' inte me lugs an' me eyes stingin' like fire wi' the Eau de Cologne Elec had teemed onte me clammy brow. 'E had opened the winda' so that half a gale wuz blaain' across me bed ; but t' myek up for this 'e had spread a checky travellin' rug atop o' the twilt – arranged wi' the fringes t' kittle me nose an' get inte me mooth.

Standin' b' me bedside wiv a storn expression an' a sponge-ful o' vinegar, wuz Elec. "This time" 'e says – Yo're gaa'n t' be prop'ly lukked eftor – whethor y' like it or not" An' 'e heaved us up intiv a sittin' position an' started madly brayin' me pilla's. Then 'e shoved us doon, arranged me neck in watt 'e thowt wuz the reet position, an' started on the inquest.

Watt had Aa et ? Waz it Choosda's fish ? Or Wednesda's rabbit ? Waz the bacon mevvies a bit "off" ? That cheese wuz a bit strang, wazn't it ? Or cud it be them fried bananas ?

Of course, thor's the daft things Aa dee – askin' for trouble – things like norsin' me guinea-pig an' messin' aboot wi' me cactus, "Them's poisonous, y' knaa". An' Aa nivvor weor enyuff cla'es. Maist likely Aa've got a chill on me kidleys wi' not weorin' a hat. An' thor's me gowdfish – am Aa sure Aa mevvies hevn't getten some o' thor ant's eggs clagged on me fingers when Aa've been feedin' them an' then when Aa've et summack the've went doon me gullet an' hatched oot in me inside ?

Seein' me fyess torn suddently transparent, 'e changes 'ees tune an' decides it's sheer hunger that's the mittor. Aa nivvor eat enyuff. Wad Aa like some fried liver an' onions ?

"No" Aa say faintly, but (owt t' get rid o' 'im) Aa wad like a bit dry toast an' a sup tea.

"Reet" says Elec, so off 'e gans t' dee a five-minute job that'll tyek 'im at least half an 'oor. So b' the time 'e appears wiv a pint pot o' black strang tea an' a shive of scratchy carbon Aa'm sittin' up in bed, back t' normal.

"Theor !" says Elec delightedly – clashin' the tray across me legs – "Yo're bettor aalriddy ! *That's* wi' bein' prop'ly lukked eftor !"

THE FORST WAARM DAY

One thing aboot wor English weather is that w' nivvor knaa watt it's gaa'n t' dee next. Sometimes wi hev snaa in the middle o' May, or March gales in July. An' one thing allwiz comes as a complete sorprise – an' that's the forst waarm day.

Mind, it isn't sorprisin' that wo're sorprised. When y've seen yor crocuses shudder an' cowp ower, an' yor "host of golden daffodils" luks like fower-inch scallion-shoots, it's natchril for y' t' develop a gloomy pessimistic ootluk se far as weather's consarned.

An' then – suddently – it comes –

A waarm, sunny day!

W' cannit believe wor eyes ! W' luk up at the sky. It's *blue*, W' luk doon at the groond. It's *dry* ! W' pinch wor-sel's t' myek sure wo're awake ; an' then the astonishin' fact dawns on w' –

It's a waarm day !

Thor's two different reactions t' this, accordin' t' yor age.

If yo're varry young, y' rive yor ganzey off an' put a bikini on. An' y' gan oot an' lie in the sun, detarmined t' get a rich broon tan.

Watt y' get, of course, is a rich, ripe reed ! An' y' hev t' suffer days an' neets of bornin', when even the touch of a sheet aginst yor flesh is sheer morda' !

Then y' hev t' live through the next stage – when aall yor sunborn peels off in greet flakes ; y' torn aall patchy and mottled ; an' y' feel as if y' had leprosy or summack. An' insteed o' gaa'n roond swankin' wi' yor tan an' kiddin'-folks-on y've been t' Majorca, y' skulk in the hoose an' keep yorsel' oot o' sight.

If yo're varry aad, yor reaction is different.

For one thing – y' dain't believe it. "This cannit be summer !"

An' that's wheor yo're wrang. Cass this one fine day is mevvies aall the summer w'll get !

But, as Aa say, y' dain't believe it. So of course, y' keep aall yor cla'es on watt y've wore aall through the bitter caad weather.

Agyen, dependin' on yor age, is watt yor cla'es consists of.

"Cla'es" can mean a flannel body-belt for yor kidleys an' yor back, knitted knee-caps for yor screwmatics, a wadden chest-protector for yor bronichals, a bit bacon lapped aroond yor neck for yor sair throat, plus corsets, combinations, vests (two for waarmth) perrikits (two, for waarmth) an' o' course them unmentionable things Aa hevn't mentioned (two pairs, for waarmth !). An' ower that lot, a waarm wullen frock an' one or two cardigans.

It's not t' be expected yor system can stand up t' the shock o' a wholesale removal ; so y' content yorsel' wi' tyekkin' the bacon off. An' cass it's far ower fine for clockin in the hoose, y' gan oot for a waalk.

An by gum –it's het !

Wheor ye differ fre' the young folks is that insteed o' frizzlin', ye *dissolve* ! Porspiration steams doon yor neck an' yor fyess, an' inside yor cla'es it feels like a Torkish Bath.

But y' stay form aboot not doffin' nowt, cass y' knaa hoo dangerous it is t' cast cloots until yo're sure the summer's come. Aye. Thor's monny a poor sowl wud be alive t' day if the' had jist used thor loafs an' casted off caashously – one layer at a time. *If that !* Aye by gum. Thor's monny a one *lyin'* in the graveyard wud be glad if the' cud be sweatin', like ye ! But y' hope, when the summer diz come, it wain't be se het.

"SOME DAY . . . ."

Ivry time Aa hev a Borthda' – an' the' seem t' come mair often, noo –Aa think it's time Aa started thinkin' aboot deein' some o' the things Aa've allwiz promised mesel' Aa wud dee "some day".

Aa dain't mean "pipe dream" kind o' things like winnin' the Pools or buyin' some aad fiddle in a junk shop an' it tornin' oot t' be a Stradivarius. No. Aa mean the sort o' thing w' hev at the back o' wor mind an' fully intend t' dee – some day.

The snag is that wheor things that *must* get dyun *hez* t' be dyun, thor's nee particklar horry aboot the things wo're gaa'n t' dee some day.

Another snag – an' a serious one – is that w' wud hev t' dee these "some day" things at some time when wi' wud otherwise be deein' nowt. An' Aa cannit beor the thowt o' sacrificin' even one precious moment of deein' lovely nowt. Aall the syem – some day . . . .

Some day Aa must read "Lady Chatterley" an' finnd oot watt that fower-letter wawd waz that all the fuss wuz aboot.

Not, mind, that Aa dain't knaa onny bad wawds. Aa hevn't lived wiv a nautical husband aall these yeers withoot knaain' plenty. Aa'm ondly curious t' knaa which one it waz?

It seems a pity, though, t' hev t' plod through watt mevvies is a dreory byuk jist for one wawd. Specially as Aa might miss it. Sitch a lot o' wawds that once wuz considered bad langwidge is nooadays accepted in ord'nary speech. Which is a pity, Aa think. Pors'nally Aa keep sweerin' for a treat; cass if y' corse aboot ivry trifle, y' hev nowt t' get vent with when yo're flamin', bleezin' furious.

Aa can mind when bad langwidge wuz the height of low ; an' when w' waar bairns w' used t' get a greet satisfaction in comin' as neor tiv it as w' dored b' sayin' things like "Good Gordon Highlanders ! Go to Helvellyn ! An' Aa mind me Da lowpin' up riddy t' skelp me lugs once when Aa chanted -

"I chased a bug around a hill
I'll have his blood, 'e knows I will".

Some day Aa must hev a session wiv a dictionary. Aa've been readin' Bortrand Russell's byuks, lately, an' Aa hev a whole notebyuk full o' wawds Aa dain't knaa the meanin' of. Aa nivvor like t' interrupt mesel' t' luk a wawd up, when Aa'm readin' ; but when Aa'm readin' owt beyond me intelligence Aa dee tyek a minute t' jot the wawd doon so's Aa can luk it up some day."

Come t' think – aall me "some day" intentions hev a literary flavour.

For instance, when Aa'm howkin' amang second-hand byuks thor's one kind o' byuk Aa simply cannot resist – the "success" type o' thing that tells ye hoo t' develop pors'nal magnetism, hoo t' win friends an' influence people, hoo t' acquire a super-memory, hoo t' larn shorthand, or the pianna, or write "Best-Sellers" in three days. Aa hev them aall. Some day, Aa must read them !

INTORPRETIN'

When a wife gets married, one o' the forst things she larns is the gentle art of intorpretation.

Of course, when she's been married lang enyuff, she larns not merely t' intorpret, but t' ignore it. But it tyeks a few yeers of experience afore she gets t' that stage.

One o' the forst lessons is the meanin' of the wawd "we" ; cass "we" can mean "us", or "him", or "ye" – accordin' t' hoo the rest o' the sentence gans. Like this :–

If 'e says "W'll gan for a run", for instance, yo're fairly safe in tyekkin' that t' mean ye an' him. But if 'e says "Aa think w'll hev a lazy day the day", that means *he* 'll gan t' bed for the eftornyun while *ye* gan the messages, clean the winda's, an' dee the ironin'.

Sometimes 'e'll tyek a luk at the garden an' say "W'll hev t' hev them roses cut back an' them waallfloowers pulled oot an' the penstemons planted an' some fresh compost in the winda'-boxes". Which, translated, means – 'e's nivvor noticed owt that y've aalriddy dyun, but 'e can tell ye exackly watt y' hev t' dee.

Or tyek the little mittor of appetite, which comes on ivry noo an' then. The poor fella' explains that he hez nee appetite, an' 'e's not hungry.

But if ye think this means 'e hez nee appetite an' 'e's not hungry, y've got another think comin'! Cass, correctly intorpreted, it means that he'll guzzle aall the tyesty stuff. "Nee appetite" disn't mean 'e cannit eat lobster, or fried halibut, or straaberries an' cream. No. Watt it means is that he hez t' hev the lion's share.

Eftor aall – seein' *ye* hev a gud appetite – ye can eat the grub that's cheap an' fillin' – the taties an' the chuck – while he builds 'ees strength up wi' the tyesty bits.

Also connected wi' grub is them occasions when y' come in wiv a tray an' yor aad man 'll luk roond in sorprise an' say "Supper ! Aalriddy ?"

This exclamation of pleased sorprise can be intorpreted like this –

"Aa saa y' gan inte the kitchen, Aa hord the dishes rattlin', an' Aa smelt the fish fryin'. But if Aa dain't let-on, thor's a chance that when y' come alang the passage wi' yor loaded tray y'll jist put it doon on the floor an' open the door yorsel' an' kick it shut ahint y'. An' that'll save me hevvin' t' hoist me hint-end oot o' me chair t' open if for y'."

Sometimes yor aad man hez t' send summack through the post, an' 'e'll say "Hev y' got a stamp ?"

Intorpreted, this means get yor stamp byuk an' yor envelopes an' pyeppor, fowld the thing for 'im, clag the stamp on, write the address, an' gan an' post it for 'im. Cass though 'e'll pass at least a dozen letter-boxes on the way t' wawk, 'e cannit possibly post the thing 'ees sel' cass *it wud mean stoppin' the car* ! An' the mere thowt o' sitch effort myeks 'im blench !

Sometimes 'e'll ax y' if y' knaa wheor summack is. But if y' think that means 'e wants t' knaa wheor summack is, yo're wrang. Likely as not 'e knaas porfeckly weel wheor the thing is, an' watt 'e really means is "Ye gan an' fetch it".

Then thor's "Aa'll hev to – "

"Aa'll hev t' send me suit t' the Cleaners" means 'e wants ye t' wrap it up an' tyek it t' the cleaners. "Aa'll hev t' remembor t' get some tyuthpyest" means Ye'll hev t' remembor t' get some tyuth-pyest for 'im.

Hoo fortchinit it is that w' syun get inte the way of intorpretin' aall the things 'e says – an' then w' tyek nee notice !

SOME MAIR FRE' "GENESIS"

Shem, Ham an' Japheth cartinly obeyed the instruction aboot multiplyin', cass thor's a whole chapter aboot whe begat whe. But these uns wuz nee bettor than the forst uns, se far as common sense went. An' one day, blowed if the' didn't set t' wawk t' build a bloomin' greet Tower that wud ritch reet up t' heaven !

The impittence on't !

Well natchrilly the Lord wazn't gaa'n t' hev a nasty brick Toower pokin' up aside 'ees jasper waalls an' things, an' bloomin' humans shinnin' up whenivvor the' fancied a change of air.

"These folk seems t' think owt becomes them !" 'e says – "But Aa'll syum fettle that lot !" An' 'e myed them aall taalk different langwidges so's the' didn't undorstand each other – an' thor wuz bonny garm, Aa bet !

Gudness knaas it can be bad enyuff these days if Geordies is wawkin' on a buildin'-site alangside Cockneys ; cass when a Geordie shoots "Noo !" the Cockneys think 'e's an American sayin' "new". But in them days ivrybody had aalwiz spoke the syem langwidge. So it meant the' jist had t' knock off buildin' the Toower an' haadaway hyem an' get on wi' thor multiplication.

But in Sodom an' Gomorrah the folks went fre' bad t' wawse, till at last the Lord got vexed agyen an' decided t' destroy byeth these cities b' teemin' brimstone ower them.

A nephew of Abraham's – a chep caalled Lot – wuz waarned t' hoppit wiv 'ees fambly. But Lot's wife kept lukkin' ahint, an' she got torned intiv a pillar of salt.

Of course, the brief way things is wrote in the Bible, y' dain't get aall the full story ; but, t' me, this 's aalwiz seemed a bit harsh. If the syem treatment wuz handed-oot these days t' folks that didn't keep thor eyes wheor the' shud – thor wud be hundreds of male pillars of salt litterin' wor streets the' day.

INSTRUCTIONS

Whenivvor Aa read the instructions for deein' owt – whethor it's myekkin' a frock, cyukkin' a cyek, or cleanin' a room – Aa aalwiz get the feelin' that this excellent advice is handed oot b' folks that's fond o' wawk.

Noo, in maa opinion, onnybody that likes hard wawk disn't need onny advice. Given plenty o' time, plenty o' patience, an' a bit common sense, a thing is boond t' torn oot reet. Waat Aa want in the way of instructions is hoo t' dee a thing the quickest way wi' the least possible trouble.

If Aa wuz writin' a byuk of Instructions me forst one wud be – "Nivvor worry. It's bound t' come t' summack – even if it's not watt y' set oot t' dee !"

This is a piece of GOLDEN ADVICE.

Some o' me nicest puddins 's been cyeks that went wrang. Some o' me maist successful frocks 's been frocks watt Aa've eethor missed a bit oot of, or stitched a bit extra on that be-langed tiv another pattern watt had got mixed wi' the one Aa wuz wawkin' with.

As for Art ! Ondly yistida' Aa wuz paintin' some geese on a cliff edge an' Aa had nee white paint for thor chests. So Aa painted aall thor chests pink an' myed a sunrise glow at one side t' accoont for it. An' theor wuz a wawk of Art, wheoras if Aa had painted them geese proporly Aa wadn't uv started.

As for aall them instructions on hoo t' tackle the hoose-wawk – y' wud sweer the whole point an' porpose o' life wuz te hev a clean tidy hoose. "A place for everything, and everything in its place" is supposed t' be the Golden Rule.

But diz onnybody want thor hyem t' luk like the display winda' in a fornitcha' shop ? An' surely a hyem is a place wheor y' can dee watt y' like, hoo y' like, an' when y' like.

Besides – wheor *is* the proper place ?

In the room wheor w' live maist o' the time thor's me easel in a corner, me paintin' kit on a tray undor the china cabnit, me sowwin'-machine undor the sideboard, me type-writer on a chair. Thor's byuks an exercise byuks aall alang the cooch, a jamjar full o' pens an' pencils on the fender, an' me tape-recorder on a cracket. These is aall things Aa'm apt t' use at onny moment o' the day. Wheor wud be the proper place ?

Of course, w' hev cupboards wheor these things cud be stowwed. But if Aa had t' clart-on gettin' iverythink oot an' puttin' ivrythink away, Aa wud nivvor get nowt dyun.

In fact – porsnally – Aa think instructions is ondly fit for folks that cannit use thor aan gumption.

A HALLIDA' FRE' HALLIDAS

B' the time ye's reads this a feelin' of relief 'll be spreadin' ower the land cass June, July, and August 'll be things of the past an', until Christmas, w' can enjoy a hallida' fre' hallida's.

Not that Aa dain't like hallida's, mind. But the snag aboot summer hallida's is that ivrybody else hez them an' aall. An' in these days when cars is as common as weshin' machines y' nivvor knaa the moment when some lovin' relation comes boolin' up fre' the other end o' England or Scotland ; follard b' hordes of other lovin' relations that's come t' see the lovin' relation watt's come t' see ye.

Aa've noticed a peculiar thing aboot relations. The' aall think tho're the ondly ones y've got !

Another peculiar thing is the way the' seem t' hit on a mealtime for thor arrival. Which wadn't mittor if the' landed in the few-minits-afore-y'-start period, or the few-minits-eftor-y've-finished period. But no. The' seem t' time it so's the' arrive jist as yo're halfway through yor meal. An' y' eethor hev t' gobble yor grub doon while them sits lukkin' hungrily on, an' then y' horry an' myek some grub for them ; or else y' let yor aan grub get caad while y' interrupt yor meal t' get them summack.

Yistida', in wor hoose, it happened twice in one meal ! Me an' Elec wuz quietly enjoyin' wor teas on the coffee-tyble i' front o' the fire when wor Bunny landed wiv 'or husband an' two offsprings. So Aa transforred the tea t' the dinin' room an' w' had jist aall got sat roond the tyeble when wor Carol landed wiv 'or husband an' bairn.

An' the' had aall come t' stay !

Aa pointed oot that w' had a telephone. "It's a thing y' can taalk inte fre' practickly onnywheor" Aa says gently – "An' that wud give folks a bit notice." An' aaltegithor the' says – aboot the others – "But we didn't know *they* were comin' !" As if it nivvor struck them that with ight bairns aall married an' with families – *onny* o' them is apt t' come *onny* day.

Hooivvor, while Aa wuz myekkin' the thord tea the' sorted thorsel's oot an' wor Bunny's two teenagers, Gwynneth an' Colin, had agreed t' sleep at the nearest Youth Hostel. It wuz eethor that, or the backyard!

Nor is it onny use tryin' t' "get away from it all". Say y' rent a cottage at the Lakes, or a caravan at the seaside – watt happens ?

Ivrybody comes t' see y' ! An' the cottage or caravan that y' admired cass it wuz se smaal an' compact is se continuously full o' people that for weeks when y' get back hyem y' still waalk sideways like a crab.

Or mevvies y' suspect watt'll happen if y' gan away ; so for yor hallida' y' decide jist t' gan off in the car somewheor ivry day, an' come back t' yor aan bed at neet. "Jist a quiet run roond on wor aan" y' say.

An' then ?

Well, *then*, y' meet them !

Y'll be boolin' peacefully alang an' a car 'll start honkin' madly, an' it'll be an offspring wantin' t' knaa wheor yo're boond for.

"Good ! We'll come with you", the' say,

An' them y' divvant meet at Jedburgh, y' meet at Moffat. An' them y' dain't meet at Moffat y' meet at – – –

An' yor "quiet run roond" torns oot t' be a sort o' mechanised hoond-trail punctuated b' hilarious picnics an' sympathetic hold-ups for each other's injun troubles.

But noo, thank heavens, the hallida's is ower an' w' can get on wi' wor wawk an' not bother aboot enjoyin' worsel's.

A hallida' fre' hallida's. Champion !

DEEIN' THINGS

Aa often wonder wy it is that when other folks diz things, the' jist dee them.

Waat Aa mean, like, is that if the' sit doon t' knit – the' knit. If the' dee a weshin', a bit gardenin', or gan upstairs t' myek the beds – the' jist wesh, garden, or myek the beds. An' ivrythink gans the way the' expect it t' gan, wi' nee accidents, setbacks, or upsets of onny kind.

Noo wi' me, it's not like that at aall.

Tyek this mornin', for instance. Aa myed a porfeckly simple decision, an' planned a porfeckly simple course of action –

Aa wud change the wattor in wor fish pool.

T' dee this Aa jist fix one end o' the hose onte the kitchen tap, stick the nozzle inte the pond in the garden ; an' when Aa torn the tap on halfway, the clean wattor gently runs in an', in time, displaces the dorty wattor, which slops ower the sides. Watt cud be simpler ?

Eftor a bit Aa went inte the kitchen t' myek a cyek. An' as Aa needed caad wattor, Aa tyuk the hose-end off the tap an' hoyed it inte the garden.

But – Aa nivvor tyuk the nozzle oot o' the fish-pond ! Nor did Aa give a thowt t' the scientific principles o' siphonin'.

Twelve sassidge-rowlls an' a custard pie later Aa happened t' glance oot o' the winda'. An' theor wuz me fishy darlin's flappin' despritly aboot on the completely drained bottom o' the pond !

Natchrilly, Aa panicked. Aa grabbed the end o' the hose, fixed the end on the tap, torned it on full belt – an' sent sitch a poowerful jet o' wattor inte the pond it hit the bottom wi' sitch force it shot stright up agyen, carryin' a couple o' fish wiv it !

So Aa had t' scrabble madly amang the pansies w' one hand while Aa fought wor cats wi' the other an' jets o' icey-caad wattor skoited aall ower us.

When Aa got back inte the kitchen theor wuz wor dog sittin' lickin' luscious sassidge-rowll crumbs off 'ees beard. An' when Aa lukked in the oven Aa find me "chiffon cake" had torned t' broon flannen.

Y' see watt Aa mean ? Onny other wife wud jist change the fishes' wattor an' byek a few cyeks, an' that wud be that.

Or tyek yistida'. Aa wuz boilin' the electric kettle for me tea when jist as it boiled, it stopped boilin' – if y' see watt Aa mean.

This wuz cass the meter needed a bob. But cass the kettle had boiled, Aa didn't bother jist then. Aa had me tea, wrote an' read aall the evenin'. Then when it wuz gettin' dark, Aa went t' bed.

But when Aa switched me light on an' it didn't gan on, Aa thowt it wuz a "fuse", so Aa gans doonstairs an' clarted on in the fuse-box b' the light of candles. An' of course – men bein' the fyuls the' are – wor fuse-box is up-a-height neor the ceilin', ahint the front door. Aa get aaful dizzy stannin' on a cracket on a chair ; an' it's a tricky business insortin' a fuse wi' one hand while y' hing onte the fanleet wi' the other. An' believe it or not – *twice* the phone rang jist as Aa got t' an aakwaard stage; an' Aa had t' come doon!

Aa wonder wy it is that when Aa dee things Aa cannit jist *dee* them ?

THE STORY OF SAMSON

Thor wuz once a fella' caalled Samson, an' 'e seems tiv uv been a detarmined sort o' chep. When 'e wanted a wife, for instance, nowt wud sarve 'im but a Philistine lass, even though 'ees Ma an' Da wuz narked, cass thor wuz plenty canny lasses amang the Israelites. But Samson wuz obstinit. 'E had a lass in 'ees eye, an' off 'e gans t' see if she wuz as gud as she lukked.

On the way theor, a young lion roared at 'im ; so 'e rove the beast in two an' hoyed it doon. An' then when 'e went back the next time 'e come on this lion's carcase ; an' a swaarm o' bees had stowwed a lot o' honey in it ; so Samson et a few handfuls an' tyuk some hyem tiv 'ees Ma an' Da. Thor wuz nee Fud Inspectors in them days, an' hygiene hadn't been invented.

Next Samson had a weddin' party, an' 'e thowt up a clivvor guessin'-story (well *he* thowt it wuz clivvor) aboot this lion an' honey business – some daft palaver aboot oot o' the strang come forth sweetness. An' if 'ees thorty companions cudn't guess watt 'e wuz taalkin' aboot, the' had t' give 'im thorty sheets. But if the' guessed watt it wuz aboot, Samson had t' gi' them thorty sheets. Eethor way, somebody wuz gaa'n t' hev plenty sheets !

Well these thorty folks cudn't myek nee sense on't – which is not sorprisin' – so the' axed Samson's wife t' finnd oot for them. An' she bubbled a whole week, till it got on Samson's norves, an' 'e tell't 'or , an' she tell't them. An' Samson wuz rare an' narked wiv 'or ; so 'or Da guv 'or away tiv another fella'. An' Samson wuz that foamin' mad 'e catched three-hundred foxes an' set thor tails aleet an' chased them amang the Israelites' corn an' set it aall afire.

Samson wuz sartintly the sort o' fella' it pays t' keep on the reet side of. In another bit set-te 'e slew a thoosand Philistines wiv an ass's jaabone. 'E wuz able t' dee these things cass 'e had a special kind o' hair that myed 'im extra strang. But 'e had 'ees weaknesses an' aall ; an' when 'e fell for a lass caaled Delilah, the Philistines ticed 'or t' finnd oot watt myed 'im se strang an' the' offered a gud price for the information.

Y' wud uv thowt that eftor the experience of 'ees forst wife, 'e wud uv had a bit gumption. But seemin'ly this hair on 'ees heid must uv been sort o' compensation for watt 'e lacked *inside* 'ees heid; cass t' stop 'or continual wammerin'-on 'e tell't 'or the secret of 'ees strength, an' the treacherous faggot went an' tell't the Philistines. Then she soothed Samson t' sleep wiv 'ees heid in 'or lap while a Philistine come sneakin' in an' guv 'im a short back an' sides. Then when the poor chep wuz helpless an' blinnded, the' clapped 'im in gaol.

But while 'e wuz in gaol, 'ees hair grew agyen. An' one day the Philistines had a feast, an' the' fetched Samson oot so's the' cud gloat ower 'ees misery. An' Samson wangled it so that 'e wuz stud atween two pillars that wuz part o' the foondations. An' 'e shoved them doon, an' the whole hoose fell doon an' killed three-thoosand Philistines. It killed 'im an' aall, of course. But Aa dore say 'e thowt it wuz wawth it.

An' the moral of this story is – "A still tongue shows a wise heid – an' it pays t' keep yor hair on !"

LISTS

Thor's one thing Aa've larnt nivvor t' trust; an' that's a list.

Ivry hoosewife myeks lists for aall sorts o' porposes. Thor's laundry lists, an' grossery lists ; thor's menus – that really lists ; thor's the little lists o' things w' hev t' remembor t' dee that w' jot doon on the calendar ; an' of course, thor's shoppin' lists.

Shoppin' lists, Aa think, tyeks forst prize for lettin' y' doon.

Y' sit an' write yor list. An' cass it's a lang waalk t' the shops yo're careful t' write doon iverythink that's needed. In fact so's t' myek sure y've wrote iverythink y' gan through the whole day mentally checkin' up watt y'll be deein' an' watt y'll be eatin', drinkin' an' usin'.

But while yo're oot, summack happens t' yor eyesight ; an' for some strange reason, though y'll buy the bobbin' o' reed threed that yo're not gaa'n t' use till next week, yor eyes skips ower the finny-haddy y' intended fetchin' up for the dinner ; an' y' hev t' hev scrambled eggs.

Aa've noticed the syem nasty little streak in Christmas shoppin' lists. Y' write doon ivrybody yo're gaa'n t' buy a present for – even that sickenin' wife y' dain't like, that keeps sendin' y gifts y' dain't want.

An' watt happens ? When yo're completely broke, an' y've used the milk money an' the half-croon for the winda'-cleaner, when y've trudged hyem, weory an' exhausted – then y' reelise y've somehoo missed buyin' a present for yor aad man, although it wuz forst on yor list.

Another list that needs a bit thowt an' considerin' is the list o' things y' intend packin' in yor suitcase when y' gan for a hallida'.

Y' hev t' wigh up aall the pros an' cons, sitch as watt luks nicest, which tyeks up least room, which wain't crease ower much, which wain't spoil if it rains, watt'll be cool if it's het, or waarm if its caad. Iverythink is carefully planned – reet t' the last stockin'.

Hoo is it then that when y' get theor y' finnd y've forgot yor soap an' flannen ? An' the pullover y' packed for yor aad man is the reed one wi' the greet big darn reet in the front, an' yor list distinkly sayed BLUE pullover.

But the maist treacherous list of aall is the list y' write oot when yo're tryin' t' budget yor week's pay.

Aa dain't think thor's a wife in England that hesn't ample funds t' see 'or through the week an' t' even put a bit by – *on paper*.

"Rent, rates, coal, gas, light, insurance, bedroom-suite-man, milk, grosseries, butcher, fruit an' veg., skyul dinnors, pocket-moneys, laundry, papers" – y' hevn't missed a thing ; an' when ivrybody's been paid y' shud easy hev at least a couple o' pund left t' put in yor piggy bank.

An' watt happens ? Yor Club sub's due, or y' need yor shoes cobbled, a new typewriter-ribbon, an' the licence for the telly faalls due.

An' the next week, y' hevn't coonted the hair-do y' need for that special function ; an' y' knock the spyut off the teapot or y' come t' the end o' coal a fortneet syunner than y' had expected.

Aye – thor're nasty, lyin', treacherous things – lists.

THE WRITER AN' THE READER

Thor's two completely opposite ways the general public thinks of a writer.

Thor's the folks that "lionises" 'or, an' thinks cass she's wrote summack the've enjoyed she must be wonderful aall through. The' pickshar 'or wiv an "intellectual" brow, a sensitive fyess, an' a sort of "inner radiance" that myeks 'or different fre' ord'nary mortals.

An' then when the' come t' gaze on this human marvel an' catch 'or in a dorty pinny, sloppy slippers, an' pens poked through the tats in 'or hair, tho're that disillusioned an' disappointed the' dain't like 'or byuks onny mair.

Gudness knaas them kind is bad enyuff. But even warse is the kind o' porson that disn't *read*, that thinks readin' is a wicked waste o' time, an' therefore onnybody that writes stuff for folks t' read is encorridgin' idleness an' shud be tret wi' contempt.

With these folks, ivrythink a writer diz wrang is blamed on the writin'. If she borns a cyek, for instance, it's cass she's had 'or heid in the cloods, dreamin' daft poetry. Other wives born cyeks, sometimes, an' sometimes lets the taties boil dry; an' for them it's jist an unfortchinit accident. But let a writer put sugar in the stew, an' salt in the custard, an' it's cass 'or mind hesn't been on 'or job. That some fyul – not a writer – put the sugar an' the salt in the wrang containers isn't coonted as onny excuse.

Or tyek the notion that a writer is a sort of congenital idiot.

Suppose y've been writin' light romance aall the mornin' – stuff that's published under a pen name – say "Dee Neville".

Noo t' write convincin'ly y' hev t' completely shed yor hoosewife porsonality. 'Y hev t' forget aall aboot the price o' caulifloowers, leave undecided the vital question of whethor t' give the cat its pluck o' lights raa, or whethor t' boil it ; ignore yor dog watt's been swimmin' in a stagnant pond an' come hyem drippin' green clarts an' smellin' like a manure heap. Y' hev t' *be* Dee Neville – a writer o' light romantic "shorts".

Then eftor 'oors of concentrated writin' y' gan doon t' the Bank t' pay in a cheque, an' when y' sign yor payin-in slip, y' write "Dee Neville".

Seein' y've been Dee Neville for the past three 'oors it's a natchril thing t' dee. But the chep ahint the coonter luks at y' pityin'ly, shoves the thing back ower an' says gently – I don't think you've signed this correctly". An' y' hev t' sign the thing agyen – feelin' a complete fyul. An' as y' gan oot y' can feel 'ees eyes on yor back, an' y' knaa 'e's wonderin' if 'e shud ax somebody t' tyek y' hyem seein' yor obviously off yor dot.

A writer that gans in for writin' as a full-time profession is usually tret as a porson deein' a job. But for a writer like me that writes t' provide a bit jam for the breid, life can be varry unfair, an' neebody appreciates that yo're deein' two jobs – often byeth at once – a bit o' one, an' then a bit o' the other.

One wet day on the way t' tyek me manuscript, Aa fell doon, an' it got aall clarts. An' when Aa apologised t' the Editor, 'e guv us a queeor, glinty luk. "That's quite all-right, Dorfy", 'e says – "On a manuscript, mud's as good as gravy any day !"

Nee allowance is myed for the fact that the hand that's writin' an article might at the syem time be myekkin' a pot-pie.

An – aih by gum ! – That reminds me . . . . . !

HYEM HELP

Noo an' then – not often – but noo an' then, Elec gets a sudden rush o' brains t' the heid an' it occors tiv' 'im that *Aa* hevn't retired. An' insteed o' clockin' in 'ees rockin'-chair waitin' t' be waited on, 'e nobly resolves t' give us a bit hand wi' the chores. An' cass Aa'm kind-hearted, Aa let 'im – though thor's nowt 'e diz that Aa cudn't dee mesel' wi' half the fuss an' in half the time.

Say 'e decides t' wesh the dishes.

Noo when Aa wesh-up, Aa jist wesh-up. B' which Aa mean Aa jist torn the het tap on ower the dishes in the sink, skoit a bit detorgent in, slosh them wi' the dish mop, clash them on the drainer, dry them, an' put them away. If theor's a sink-ful – an' Aa dain't bother t' wesh them until thor is – it's a job that tyeks ten minits or se, an' is practickly noise-less.

But if y'hord Elec weshin' the dishes, y' wud think 'e wuz on an assault course !

Forst 'e tyeks aall the crocks oot o' the sink, shakes half a tin o' scoorin' pooda' ower the sink, an' then scrubs it.

Then 'e rinses it that monny times thor's nee het wattor left for the dishes. So 'e torns the gas sink-heater up t' boilin', fills the sink, an' squeezes that much detorgent inte the wattor y' wud sweer it wuz full o' candy floss. An' if Aa open the back door an' caase a draught, the kitchen is full o' soap-bubbles. Then 'e tyeks ivry cup, plate an' spyun sepritly, scrubs it thorrally inside an' oot, dries it, an' puts it away.

Then 'e pulls the plug oot – t' the great delight o' wor cat in the backyard that spends a happy ten minits lowpin' up eftor bubbles that's got airborne afore the' ritched the drain.

Then eftor 'e's used aall the rest o' the scoorin' pooda' scoorin' a clean sink, 'e'll torn roond an' say triumphantly –

"THERE !"

Thor's a wawld o' meanin' in that "There".

It means *this* time the crocks 's been weshed prop'ly, dried prop'ly, put away prop'ly, the sink's been rinsed prop'ly, the toowel's been hung up prop'ly. 'E's been a gud husband – a *clivvor* husband. Aa'm a lucky wife. 'E hopes Aa appreciate me gud husband. It's not ivry man that wud wesh dishes. It's not ivry man that *cud* wesh dishes – not prop'ly.

Then feelin' aall generous an' benevolent 'e'll gan back tiv 'ees rockin-chair – an' Aa can wesh the pans in peace !

Thor's one job, though, Elec really diz enjoy; an' that's deein' the weshin'. Cass bein' an injineer an' mechanical-minded, 'e's interested in machinery.

O' course, Aa sort the cla'es inte thor proper heaps ; Aa hing them oot : Aa iron them, an' put them away in the draars ; so that, for Elec, "deein' the weshin' " is simply a mittor o' switchin' switches. But it soonds impressive – particklarly if 'e's wanted on the phone. Then 'e's in 'ees element.

"Hallo !" 'e'll say – "Aa'm jist busy deein' the weshin'. Well – Aa hev t' help the aad wife, y' knaa. Poor sowl – she's lukkin' 'or age. She's aader than me, y' knaa. Aye. A canny bit – *three months* ! No, she's not ailin' nor nowt. She jist gets a bit fagged sometimes" – an' se on.

An' if 'e keeps this up lang enyuff, b' the time 'e puts the phone doon Aa'll uv finished the weshin'.

But Aa dee appreciate me Home Help – Bless 'im !

CHILDHUD'S SUPERSTITIONS

One Autumn day Aa wuz lukkin' in a shop winda' an' suddently Aa noticed amang thor seasonal decorations a greet heap o' "boo-robbers !" Aa wuz enchanted ! Memories of childhud's days came rushin' back an' Aa remembored hoo important it waz t' catch these Dandelion-clock "parachutes" an' nip the "key" (the seed) off, so's the' cudn't rob neebody's hoose. An' this set us on thinkin' aboot aall the daft things w' used t' think when w' waar bairns.

Heorin' the sea when y' put a shell ower yor lug wuz natural enyuff ; but watt aboot the terrifyin' consequences o' steppin' on the "lines" atween pavin' stones ? This wuz a varry risky thing t' dee, cass it meant eethor y' had broke one o' God's cups an' saacers, or else thor wud be a greet big grizzly bear lyin' in wait for y' roond the next corner.

Touchin' a sailor's collar for luck seems t' be a common superstition ; but us had a "charm" t' coonteract the bad luck o' seein' an ambulance – "Touch me hat an' touch me collar. Haa'daway an' divvent folla' ".

If y' scratched at a sore spot it wud graa intiv a pig's fut. An' if y' behaved see ootrageously as t' hit yor mother, yor hand wud wag above the grave !

Tale-tellin' as weel had its fearsome consequences –

"Tell-tale tit. Yor tongue 'll be slit,
An' aall the little dicky-bords 'll hev a little bit".

When w' played at "Knocky-nine-doors" y' had t' knock at *nine* doors, cass nine wuz a lucky number, an' se lang as y' had knocked at nine, y' wadn't get brayed, even if y' waar catched.

T' convince annybody y' waar tellin' the truth y' had t' "cut yor throat an' spit". Or another way wuz t' lick yor finger an' haa'd it up, an' then dry it on yor pinny while y' chanted impressively –

"See me finger wet.
See me finger dry.
See me finger through the wringer
If Aa've tell't a lie".

At skyul, a hair laid across yor palm wuz supposed t' split the teacher's cane. An' if y' detested yor teacher extra much y' stuffed blottin' pyeppor in 'or inkwell t' dry 'or blud up !

Aa nivvor, pors'nally, tried this revenge. But Aa can mind bein' bitterly disappointed once when a lad in wor class did this feorful thing – an' nowt happened !

Bairns nooadays disn't seem t' hev these queeor fancies an' superstitions – maist likely cass the' hev mair sense. But life wuz excitin' an' interestin' when it had boo-robbers, an' grizzly bears, an' hands that wagged above the grave.

"A PLACE FOR EVERYTHING"

Thor' a hoosewife motto that's aalwiz bein' quoted at us an' it says y' shud hev "A place for everything, and everything in its place". But like ivrythink else, sarcumstances alters cases; an' it's nonsense t' taalk aboot hevvin' ivrythink in its place when maist things hev at least two places – or even nee place at aall.

Tyek me typewriter watt Aa'm usin' at this minit. Aa wud be hard put t' decide wheor its place waz. Ackshilly Aa suppose it belangs on me desk. But Aa nivvor sit at me desk t' type, cass it's aginst a wall, an' Aa cannot wawk wiv a waall in front o' me fyess. Aa wud feel fenced-in. So me typewriter is usually left wheorivvor Aa wuz busy wiv it last. It cud be on a chair, a coffee tyeble, the kitchen tyeble – in fact, onnywheor but on me desk.

Or tyek byuks. Strictly speakin' Aa suppose the place for byuks is in the byuk-cases. But watt use is a byuk theor?

Noo an' then Elec gets a fit of "tidyitis" an' 'e plays waar wiv us aboot the byuks strowwed aall alang the cooch (trifles like hunks o' car, spare exhaust pipes alang the passage an' flat batteries waarmin' at the fire nivvor worries 'im) an' 'e'll say "Aa wish y' wud put your byuks away, Dorfy. Thor's nee excuse for byuks on the cooch an' aall the chairs when thor's byuk-shelves in ivry room".

But, as Aa explain – these is aall different byuks. Thor's poetry byuks what Aa need for me elocution teachin', thor's reference byuks Aa need for me writin', thor's byuks Aa hev t' provide light relief for the wawk-byuks, an' thor's libery byuks that Aa dorsn't put in the byuk-cases cass Aa wud nivvor finnd them once the' got stowwed amang the fower-hundred-or-se byuks that us hez.

Yistida' Aa lost a little nut off me electric sowwin'-machine, an' – by ! – thor wuz bonny garm !

"Watt else d'ye expect?" snarled Elec "Y' leave the thing aall ower the place ! Wy cannit y' keep it undor the winda'-seat in the dinin'-room, wheor it stops" ?

"Watt use wad it be theor?" Aa snarled back – "Aa cannit soww frocks doon on me haunkers under the winda'-seat" !

"No. But y' cud put yor things away when y' waar finished", yelled Elec.

"That's the whole point" Aa snapped – "Unlike *ye* – Aa'm *nivvor* finished!"

Y' knaa, except for carpets, the pianna, an' the bed, thor's varry few things that can stop pormanently in one place, cass the place that's thor place is hardly ivvor the place wheor w' use them.

An' that's watt caases se much wawk.

Seriously – it's fantastic the amoont o' time an' energy w' waste gettin' things oot an 'puttin' them away agyen. Even a simple act like settin' a tyeble means fowerteen-hundred times ivry yeer y' spread a cloth on it, an' then fowld it an' put it away. An' if y' multiplied the number o' plates y' fetched oot, put back, an' fetched oot agyen, yor brain wud boggle at the thowt on't. An' this kind o' thing gans on aall ower the hoose. An' these, mind, is things that's got "places". But thor's some things that hevn't. That nice sheet o' broon pyeppor, for instance, or that broken ornament yo're gaa'n t' mend some day when y' hev the time an' can finnd the claggum.

No – it's not se simple as it soonds – hevvin' "a place for everything, and everything in its place".

FASHIONS

B' the time a wife gets t' maa age she's seen an aaful lot o' changes in fashion. Aa mind when Aa wuz a bairn wives wore thor skorts that lang thor had t' be "brush braid" stitched alang the bottom hem t' stop it fre' frayin' wheor it trailed on the groond.

Since then, hems 's gyen up an' doon, waists 's shifted high an' low, w've had the "peeping petty", the crinoline perrikit, plunge necklines, pewmonia bouses, square showlders, dropped showlders, an' coontless different shapes o' wor anatomy.

Even feet gets plenty o' variety – pointy toes, square toes, roond toes, high heels, low heels, wedge heels – it's endless.

For me this is the thord time roond for high-legged byuts. When Aa wuz a bairn the' waar caaled "Rinking boots". These wuz laced reet up t' the knee wi' geet lang laces that y' hitched roond studs. Then when Aa wuz in me twenties w' had "Russian Boots" that zipped up the front. An' nooadays lang byuts is back agyen; but skorts is that short, thor's still plenty o' gud leg t' fascinate the fella's.

Of course, with ivry fashion, thor's the aad "miseries" that disn't approve, an' disgusted individuals that wonders watt the wawld is comin' te. An' for some strange reason the modern legs hez far mair unkind criticism than the ridicklus half-bare bosoms that once had thor day.

Pors'nally Aa'm aall in favour o' mini-skorts. True – thor's some fat flabby legs that disn't luk varry attractive. But thor's fyesses, as weel, that disn't luk exactly beautiful – but diz onny suggest the' shud hing sumthink in front o' them?

As for the "Mrs. Grundy's" the' waar just as disgusted when Aa wuz in me teens an' wore fawn-coloured stockin's.

If ivrythink had come true that waz prophesised aboot "fast cats" like me, Aa wud uv finished me education in a Reformatory.

The queeor thing aboot a fashion is hoo ootrageous it luks as syun as it's not fashionable. If w' luk at photos o' worsel's in lang skorts when the fashion is short skorts, w' think watt frumps w' lukked! But at the time, w' thowt w' lukked smart. An' when in a yeer or se the fashion changes back t' lang skorts w'll luk at wor present day photos in horra' an' wonder hoo w' dored expose aall that leg, or hoo w' ivvor thowt it lukked nice.

Hair, as weel, hez its ups an' doons. But nooadays w' can weor it short, withoot gettin' wor hair cut; or lang, withoot graain' it; cass weorin' a wig is as ord'nary as cleanin' yor teeth.

An' thor's this t' be sayed for fashions – whethor in hair, cla'es, or futgear –

When the next fashion comes alang, w' get a gud laff at the sights w' used t' be when the last fashion was fashionable.

BEIN' SOFT

When Aa wuz a bairn Aa wuz aalwuz bein' tell't Aa wuz "ower soft t' clag holes up with"; cass Aa wuz the sort o' bairn that wuz aalwiz gettin' chet or put-on.

Mind Aa wasn't that gormless Aa didn't knaa Aa wuz bein' chet. Me real trouble wuz that Aa used t' feel embarrassed aboot hoo embarrassed the other porson wud feel if the' knew Aa knew the' waar cheatin' us.

Aa've nivvor been able t' get it inte me thick heid that some people hez thick skins. So that reet since the day at skyul when Aa swapped me new three-decker pencil-box for a dorty tattered comic Aa didn't want Aa've – knowin'ly – let mesel' be put-on; an' Aa've chose t' be soft raither than be nasty. Some kindly folks describes this as bein' "sensitive". But Aa think the aad-fashioned description – "Ower soft t' clag holes up with" is nearer the mark.

Thor used t' be one o' these "success" advortizements that sayed "Are You Man or Mouse?" Well, if it's a case o' refusin' t' help – Aa'm defnitly moose.

For instance, thor's a little aad wife gans aroond, an' she's the maist ootrageous cadger.

Me forst experience of 'or wuz one neet when Aa wuz comin' hyem fre' openin' a bazaar, an' she stopped t' admire me bookay.

"What beautiful flowers!" she says – an' then she borst oot cryin'!

"Watt's the mittor, hinny?" Aa asked; an' she sobbed oot a maist pitiful tale. She had spent aall 'or pension – 'or shoes had needed cobblin' – an' she had nee breid in the hoose, an' not even a penny for the gas-meter until next week's pension wuz due.

Fortchinitly Aa ondly had half-a-croon – hevvin' spent aall Aa had at this Bazaar, for the gud caase – so Aa guv 'or that.

Next day Aa mentioned tiv a nighbor watt a pitiful plight this poor wife had been in. "Oh – I bet you've met 'Weepy Mary' " she says. An' when she described Weepy Mary Aa knew Aa had been didled an' me sympathy had been wasted.

If this had been the end on't, it wadn't mittor. Thor's warse ways o' spendin' half-a-croon than givin' it tive an aad wife – even a cadger.

But the sickenin' thing is that eethor "Weepy Mary" hez nee mem'ry for fyesses, or Aa must *luk* ower soft t' clag holes up with; cass at least a dozen times since that day she's come up tiv us an' tried the syem tactics. An' Aa jist quietly waalk away.

But Aa shudn't waalk away. Aa shud grab 'or b' the showlders an' say "Luk heor – Aa knaa yor tricks!"

But – aih – hinnies – if she lukked embarrassed Aa wud feel aaful embarrassed!

BACK T' NORMAL

Hooivvor much w' enjoy Christmas an' New Year, it's aalwiz a relief when things gets back t' normal.

Normal meals, for instance. Sassidge an' mash wi' leek puddin', or a tyesty tatie-pot wi' the edges aall broon an' crispy; an' for wor teas, a shive o' stotty cyek an' a bit gorgonzola. Gud, ord'nary grub, that y' can myek withoot gettin' aall steamed-up an' worried, an' strainin' the finances.

Simple t' eat, an' aall. Nee wishbones t' clart-on with. Nee tanners or charms t' chowk with. Nee splinters o' brick-hard icin' t' flee up inte yor eye. Nee silver bools t' get wedged in yor holla' tyuth. Just plain, ord'nary grub.

Thor's a difference in the weshin'-up, an' aall, cass when the dishes is dorty it's varny aall jist slosh an' crumbs insteed o' grease an' claggum like the've been in the festive season. An' thor's nee wine-glasses t' clart with – which is a relief.

Wine-glasses is things that aalwiz hez us puzzled.

At New Yeer Aa bring oot me hyem-myed wines, an' ivrybody that comes is invited t' hev a sup, wiv a mince pie.

The puzzlin' thing is that the number o' dorty wine-glasses is aalwiz twice as monny as the number o' folks that's been drinkin'. Dee the' breed amang thorsel's an' produce wine-glass kittens? Or diz ivrybody forget which glass wuz theor's, an' help thorsel's tiv a clean one?

An' hoo easy an' unhurried life is when the week is a normal week wi' sivin' days in it. If thor's owt Aa detest it's that agitated feelin' y' get when y' hev t' dee Tuesda's jobs on Monda' cass y'll be deein' Wednesda's jobs on Tuesda; an' then on the Sunda' neet y' hev t' iron the Monda'

–afore's weshin'; an' yor aad man gans roond annooncin' t' aall an' sundry that 'e hesn't had a clean shart for three weeks!

An' when yo're fightin' aboot it y' get that boilin' mad an' aall mixed up, an' y' bella at 'im that if 'e had had the fortneet's since's bath last week insteed o' puttin' it off till next week, thor wud uv been a clean shart yistida', cass yo're gaa'n t' iron one the morra' !

An' – aih – the bliss – the utter bliss of bein' able t' open the front door withoot a shoower o' Christmas cards blaain' off the top o' the pianna! Cass nee mittor hoo carefully y' arrange the forst few doormat-fulls on streamers an' sitch, thor aalwiz comes a time when y' jist hevn't time t' cope with onny mair, an' y' stand them on the mantelpiece an' the pianna.

Best of aall is that happy mornin' when y' wake up knaain' y' hev nowt extra t' dee, an' nowt t' post – not even a "thank-you" letter.

Porsonally, Aa think writin' "thank-you" letters is like rubbin' salt in wounds! For weeks past, y've clarted-on postin' things an' writin' things. An' then – afore y've got yor breath back, y' hev t' start on yor bloomin' thank-you's!

Besides, when y' write a lot o' letters at once, it's se easy t' get mixed. Like last yeer when Aa wuz guv three hairbrushes, an' Aa wrote t' each hairbrush-giver sayin' it wuz exackly watt Aa needed. An' then Aa went an' put aall the letters in the wrang envelopes; so ivery one wud knaa that Aa had been given at least two hairbrushes!

By! Nee wonder wo're thankful when things gets back t' normal.

FOLKS'S OPINIONS

One o' the queeor things aboot bein' the sort o' wife Aa am is the two completely opposite opinions me friends hez aboot us.

Forst, thor's them that thinks Aa'm bonkers.

Noo Aa'm not bothered cass some folks thinks Aa'm daft. But Aa'm aaful interested in the daft ideas folks hez aboot watt's daft.

Tyek weshin'-days, for instance. Even in these times – wiv elecric weshers an' spin-driers an' watt-not, maist wives 'll tyek a squint at the weather on a weshin-day. An' Aa dee the syem.

But wheor Aa'm different fre' other wives is that if it's a fine day Aa dain't wesh!

T' me, this is soond common sense.

Aall through the yeer thor's wet days, caad days, days when it's snaain', blaain', an' peltin' hailstones.

This bein' the case – wy waste a gud fine day clartin'-on weshin'?

But if ivvor Aa remark Aa didn't wesh, cass it wuz a bonny day, the'll tap thor forrids an' luk at each other significantly.

On the other hand, if the rain is comin' doon full pelt – that's when Aa like t' grab a yard-broom an' gan oot an scrub the pavement or the backyard. Which agyen, t' me, is soond common sense. Yo're saved the trouble o' sloshin' buckets o' wattor aroond, the dust is aall nicely lowsened, y' let the rain dee the rinsin', y' hevn't clarted-up an' drenched a place that wuz nice an' dry; an' watt wet futmarks thor is wud uv been wet futmarks onnyway, wi' the rain.

But whenivvor Aa gan oot in the rain, happily sloshin' muck inte the gutter, the nighbors luks oot o' thor winda's an thinks – "Crackers!"

Another eccentric thing Aa dee is the way Aa clean the winda's, ootside.

Me method is t' fix the hose t' the kitchen tap, trail it reet alang the passage an' oot t' the front street, an' then send jets o' wattor up a-height an' slosh aall the muck off.

Mind – if Aa forget t' shut the bedroom winda's forst an' Aa saturate the beds – Aa agree that *is* a bit eccentric. But Aa dain't often dee this.

Come t' that – Aa dain't often clean the winda's!

But funniest of aall, t' maa mind, is the folks that thinks Aa'm a sort of super-brain. Cass se far as Aa can discover, Aa've orned this reputation simply becass when Aa hev nowt t' say – Aa dain't say it! Aa jist sit quiet.

"There's Dorfy – *thinking* again!" the'll say admirin'ly. An' jist b' sittin' quiet Aa get respected an' admired as a porson watt *thinks*. An' y've nee idea hoo superior folks thinks y' are if the' think y' think!

Still – se lang as folks is friendly, Aa dain't think it mittors watt the' think.

IT'S THE *STARTIN'* THAT'S WAWST!

If Aa wuz axed watt wuz the hardest job in the wawld, Aa wud say "gettin' started".

Deein' things is easy enyuff. The snag is the things y' hev t' dee afore y' can dee them!

Tyek me at this moment, for instance. Aa'm sittin' on me cracket in front o' the fire, an' when Aa've finished writin' this, Aa'll sit at me desk an' type it. Then Aa'll post it – an' that'll be that. Watt cud be simpler?

Well t' start wi', Aa had t' luk for me cracket. Waz it in the dinin'-room, stud on an ord'nary chair t' convort it intiv a "high chair" for one o' the bairns? Waz it oot in the back-yard wheor the' had been playin' shops? Or up in the bath-room, providin' a step up at the lavatory for the bairns?

It torned up eventually in the garage, wheor Elec, seemin'ly, had been milkin' the car.

Then Aa had t' finnd me pen.

Forst of all of course Aa rummaged through me hair wheor Aa generally hev a few pens stowwed away. Next Aa lukked on the mantelpiece, the hearth, the cooch, the tyeble, the sideboard, the winda'-sill; an' finally unorthed it – guess wheor? – on me desk! The last place Aa wud think of lukkin' for a pen! Aa mean – that's wheor it owt t' be!

Pyeppor of course is nee problem. Aa can write quite happily on the backs of envelopes, in the laundry byuk, on a box lid, or a pyeppor bag. The ondly snag aboot pyeppor is that b' the time Aa've collected enyuff tegithor – Aa've lost me pen agyen. So y' see watt a carry-on it can be, gettin' started.

Or tyek a simple job like dustin' the mantelpiece. Heor agyen, Aa'm thwaarted b' aall the things Aa hev t' dee afore Aa can start.

Lukkin' alang wor mantelpiece at the moment, besides the clock an' two boody candlesticks thor's – stuffed ahint them – a collection of letters, bills, photos an' picksher post-cards. But that's not aall. Thor's a sugar basin, a bobbin' o' threed, a porse, three corlers, a pair o' specs, a screwdriver, two milk-bottle tops, a bunch o' keys, a wine glass, a pair o' nail scissors, a box o' matches, an' a plastic orange!

An' Aa'm writin' this on Monda'. Watt it'll be like b' next Serrida' when Aa'll mevvies hev time t' dust it, Aa hate t' think! Likely Aa'll finnd it simpler jist t' blaa it!

Collectin' the materials for a job can be tricky cass the' hev a dastardly habit o' disappearin' when tho're needed. Afore Aa got t' knaa thor little ways Aa used t' finnd that when Aa went t' the cupboard for fornitcha' polish thor wud be nowt theor but instant-glue or aluminium paint.

But noo, Aa've larnt t' be cunnin'. An' if Aa'm gaan t' clean the silver Aa'll say loudly "Noo wheor's the floor-polish?" An' when Aa open the door, theor's the silver polish smilin' at us, an' the floor polish 'll uv hid itsel' doon Elec's Wellin'ton.

Thor's some folks aalwiz moanin' an' groanin' aboot hoo hard the' hev t' wawk. But Aa'm not like that.

Aall that worries me is this business o' gettin' started.

"BUT WHAT DOES IT *MEAN ?*"

To "foreigners" some of our sayings can be baffling, though to the genuine "Geordie" they present no difficulty.

Some, of course, are self-explanatory – "If ye get onny sharper ye'll cut yorsel' " and "If ye get onny quicker ye'll meet yorsel' comin' back" are simple enough ; but it could be alarming to be told "Yor eyes is bigger than yor belly" ; and even more alarming to be told "Yor eyes is ower neor yor bladder !" though in the first instance you have merely asked for, or taken, more than you could eat, and in the second you are the type of person who weeps copiously about trifles.

There's a nice touch of independence in the phrase "Aa wadn't scrape me mooth for neebody". And why not, in-deed ? Our dialect is a *dialect* – it is *not* bad English.

If you have "a gobful o' boody" – dentures – you might find it a bit difficult to eat a sandwich that is "gob height". The sandwich might consist of cheese an' "scallions" be-tween two "shives" of "chuck". A good old-fashioned word, "shive" – it means "shave", slice – and scallions, of course, are spring-onions.

A world of compassion is in the phrase "She'll be warse afore she's bettor !" – our euphemism for pregnancy ; but there is only contempt for the greedy person who "wud tyek yor eyes an' come back for the sockets !"

The cryptic "Ye wud be warse if owt ailed ye" makes the malingerer realise his shamming has deceived nobody ; but it is a compliment to one's intelligence to be told that "Y' hev mair in yor heid than the comb 'll bring oot !"

A conceited person has "mair edge than a clippy mat", and any housewife boasting that her chores were finished might be told – "Ah, weel – Them that's dyun forst hez syunnest t' dee ower !"

A person easily cheated or imposed upon is regarded as being "ower soft t' clag holes up with ;" but one not easily fooled "hez aall 'ees buttons on".

Nor need you be baffled by the query " Hez onny on y' onny on y' ?" which simply means have any of you any on you ?

We're a friendly lot, we Geordies. The only people we "cannit abide" are those "jumped-up nowts that thinks owt becomes them !"

So – Howay wi' w' ! Wo'raalreet !